Steve Richards

Die Kunst des Levitierens

DIE KUNST DES LEVITIERENS

EINE ANLEITUNG ZUR
ÜBERWINDUNG DER SCHWERKRAFT

STEVE RICHARDS

|||||||||||||||||||||| SILBERSCHNUR ✸ VERLAG

© Copyright der Originalausgabe: Aquaria Press (Thorsons Group), England. Titel der Originalausgabe: »Levitation«

© Copyright der deutschen Ausgabe: Verlag »Die Silberschnur« GmbH
Erstauflage erschienen 1993, unter der ISBN 3-923781-75-X

ISBN: 978-3-89845-476-6
1. Auflage 2015

Gestaltung & Satz: XPresentation, Güllesheim
Umschlaggestaltung: XPresentation, Güllesheim; unter Verwendung eines Motivs von © puhhha, www.fotolia.de
Druck: Finidr, s.r.o. Cesky Tesin

Verlag »Die Silberschnur« GmbH · Steinstr. 1 · 56593 Güllesheim
www.silberschnur.de · E-Mail: info@silberschnur.de

Inhaltsverzeichnis

Don Barcell »Schwebend«. Aus *Siddha Meditation*.
Mit Erlaubnis von Don Barcell veröffentlicht.

– Kapitel 1 –

Kann der Mensch fliegen?

Levitation! Gibt es das wirklich? Seit Jahrhunderten stellen Erforscher psychischer Phänomene diese Frage, auf die sie kaum eine Antwort bekommen, denn die Levitation ist ein ziemlich einzigartiges psychisches Phänomen, anders als Astralprojektion, Psychometrie oder Voraussehen der Zukunft. Levitation gehört zu den Dingen, die Joseph von Cupertino vor dreihundert Jahren vollbracht hat oder auch mancher Mahatma in Indien oder Tibet heute noch durchzuführen vermag. Doch von einem Durchschnittsmenschen würde man so etwas nicht erwarten – ganz sicher nicht in der westlichen Welt.

Als nun Mitte 1977 Maharishi Mahesh Yogi verkündete, nicht nur er könne sich in die Luft erheben, sondern dies auch anderen beibringen, hoben sich viele Augenbrauen. Schließlich ist der Maharishi Mahesh Yogi berühmt für seine Technik der Transzendentalen Meditation (= TM), und man weiß, dass seine Methoden nicht nur einfach zu lehren und leicht zu begreifen sind, sondern auch funktionieren, und zwar gut.

»Die Levitation ist das herausragendste der bereits vorhandenen *Siddhis*« (*siddhi* = übersinnliche Fähigkeit), erzählte mir ein TM-Lehrer. »Maharishi sagt, alles sei nur eine Sache der Geist-Körper-Koordination. Befiehl dem Körper zu laufen, und er läuft, und zwar mühelos. Aber befiehl ihm, sich ›durch reine Vorstellungskraft‹ in die Luft zu erheben, und er folgt nicht. Verbessere deine Geist-Körper-Koordination, dann macht dein Körper auch das.«

Das klang alles so vertraut. Seit Anfang der siebziger Jahre trugen TM-Leute eine Studie um die andere zusammen, die aufzeigten, dass Meditierende ein besseres Gedächtnis haben, besser schlafen, schneller laufen, bessere Schulnoten haben und sogar besser sehen. Ein TM-Lehrer sagte mir, dass Meditierende weniger Zahnlöcher haben. Aber Levitation?

»Das ist gar nicht so eigenartig« erhielt ich zur Antwort. »In den Veden, der ältesten Niederschrift menschlicher Errungenschaften, wird von Menschen erzählt, die solche Dinge vollbrachten. Bislang wurden diese Erscheinungen als ›übernatürlich‹ bezeichnet, aber jetzt ist man dabei herauszufinden, dass alle diese Erscheinungen in den Bereich der normalen menschlichen Fähigkeiten gehören.«

»Der Schwerpunkt des Programms liegt nicht in der Demonstration von Kräften, sondern vielmehr in einem beschleunigten Wachstum auf einen Zustand der Erleuchtung hin, und zwar durch die Entwicklung besonderer Fähigkeiten, die sämtliche Stufen des Bewußtseins in Schwung bringen.«

Man sagte mir, dieses Programm heiße TM-*Siddhi*-Programm. »*Siddhi*« ist die bevorzugte TM-Schreibweise des Sanskrit-Wortes *Siddhi*, das am besten mit ›Beherrschung paranormaler Fähigkeiten‹ bezeichnet werden könnte. Es gibt ›Acht Große *Siddhies*‹ in der Yoga-Tradition, von der die TM letztlich abstammt, und sicher noch einige mehr im *Siddhi*-Programm. Die Levitation ist nur eines unter ihnen.

»Sie müssen nicht meinen, dass man lange Strecken fliegt«, wurde mir gesagt. »Unsere Leute schweben nur ein paar Zentimeter weit. Das ist eine allmähliche Entwicklung. Als Beispiel nenne ich einmal das *Siddhi* der unbegrenzten Stärke. Wenn Sie das *Siddhi* das erste Mal anwenden, werden Sie vielleicht nur ganz wenig spüren. Aber mit jedem Mal werden Sie stärker, bis Sie schließlich wirklich über unbegrenzte Stärke verfügen.

Maharishi sagt, dass es im Körper vierundsechzig Kanäle der Erleuchtung gebe, durch die die *Siddhis* sich manifestieren. Durch bestimmte Übungen tauchen die *Siddhis* aus dem Absoluten auf.

Insgesamt gibt es etwa siebzig *Siddhis*, aber wir praktizieren sie nicht alle, denn Maharishi hält einige für nützlicher als andere.«

Zu den nützlicheren *Siddhis* zählt Maharishi Stärke, Freundlichkeit, Allwissenheit und Unsichtbarkeit wie auch Levitation. Es gibt Gerüchte, dass manche Meditierende sogar durch Wände gingen.

Bereits im Jahr 1962 erwähnte Maharishi die *Siddhis* in seinem Buch »The Science of Being and Art of Living«. Doch in den Anfangsjahren der TM-Bewegung gab es genug Arbeit, die Idee der Meditation und die grundlegende TM-Technik unter die Leute zu bringen, da konnte man sich nicht auch noch um diese Kräfte kümmern. Aber Gedankenaustausch war erwünscht, und fortgeschrittene Meditierende wurden dazu ermutigt, bei Ausbildungskursen für Lehrer von ihren Erfahrungen zu berichten.

Es gab eine Menge zu erzählen. Einige hatten gespürt, dass sie unsichtbar geworden waren oder durch andere Menschen hindurchsehen konnten. Andere wiederum hatten Visionen von Geistwesen. Ein Lehrer, der jetzt nicht mehr in der Bewegung ist, erinnert sich:

»Ich hatte häufig die Empfindung, gasförmig zu werden. Zuerst erfüllte ich das Zimmer, dann dehnte ich mich über das Mittelmeer aus (während seines Aufenthaltes in Spanien) und schließlich im ganzen Universum.«

Westlichen Wissenschaftlern sind solche Erfahrungen natürlich bekannt. In »The Relaxation Response« sagt Dr. Benson von der Harvard Universität, dass »nach unseren eigenen Beobachtungen viele Leute, die täglich mehrere Stunden meditieren, nach einigen Wochen zu Halluzinationen neigen.« Doch diese Wissenschaftler schreiben nur die halbe Wahrheit. Die Theorie besagt nämlich, dass Meditation die Sinneswahrnehmungen zurückdrängt und damit das Gehirn veranlasst, seine eigenen Reize in Form von ›Siddhi‹-Erfahrungen zu erschaffen.

Zweifellos sind die *Siddhi*-Erfahrungen von fortgeschrittenen TM-Praktizierenden genau die gleichen, wie sie in alten Yogi-Schriften beschrieben sind. Und das wirft eine ernste Frage auf. Wenn die *Siddhis* nicht real existieren, wenn sie tatsächlich nichts anderes sind als ein Symptom für die Einschränkung der Sinneswahrnehmungen, dann wird ein wichtiger Teil der Yogi-Tradition infrage gestellt.

Als Yogi, und zwar als einer, der Zugang hatte zu einer Vielzahl von TM-Praktizierenden mit *Siddhi*-Erfahrung, hielt Maharishi es für notwendig, die Wahrheit zu ermitteln. So kaufte er zwei alte Hotels in Seelisberg, hoch über dem Vierwaldstädter See in der Schweiz gelegen, und gründete das Europäische Maharishi Forschungsinstitut (Maharishi European Research University = MERU), das im April 1975 eröffnet wurde.

Zunächst wurden die Zimmer an fortgeschrittene Meditierende vermietet, die für längere Zeit in klösterlicher Umgebung meditieren wollten. Im Jahr 1976 begann Maharishi dann mit der Erforschung der *Siddhis*.

Er fing mit einigen wenigen Leuten an, die bereits seit langer Zeit – etwa fünfzehn bis zwanzig Jahre – meditierten. Auf der Grundlage der *Yoga Sutras* von Patanjali arbeitete Maharishi ein paar einfache Übungen oder ›Formeln‹ aus, um die *Siddhis* zur Manifestation zu bringen. Den ersten *Siddhas* sagte man nicht, was sie damit erreichen konnten, und einige waren bestürzt, als sie es herausfanden. Einer sagte dazu:

»Alles geschah so schnell, dass ich, ehe ich es merkte, Grenzen durchbrach, von denen ich zuvor nie etwas gewusst hatte.«

Subjektive *Siddhis*, wie etwa die Fähigkeit, verborgene Dinge zu sehen und Techniken zur ›Verfeinerung der Intuition‹ waren darunter. Die Betonung wurde jedoch auf die objektiven *Siddhis* gelegt – Dinge, die man beobachten konnte –, vor allem Levitation und Unsichtbarkeit. Man kann sich kaum selbst in die Luft halluzinieren. Entweder erhebt man sich in die Luft oder nicht. Und wenn man sich erhebt, dann beweist das, dass sich etwas Bedeutendes ereignet.

Es beweist ebenso, dass diese Person ein bestimmtes Stadium erreicht hat, das man bei der TM als ›Erleuchtung‹ bezeichnet. Man sagt, jemand, der sich einen Meter in die Luft erhebt, ist erleuchteter als einer, der sich nur einen Viertelmeter in die Luft erhebt, und dieser wiederum ist erleuchteter als der, der sich gar nicht vom Boden abhebt.

Die erste kleine Gruppe von *Siddhas* wurde gebeten, andere zu unterweisen, und so nahm alles seinen Fortgang. Das ganze Jahr 1976 wurden fortgeschrittene Meditierende unterrichtet. Mit der Ernennung zu ›leitenden Befehlshabern des Bewusstseins‹ schlossen die Schüler ab, da sie die Fähigkeit erworben hatten, den Lauf der Zeit zu bestimmen.

Im Dezember 1976 kamen auf dem Seelisberg-Campus neunhundert TM-Lehrer aus aller Welt zusammen, um sechs Monate lang intensiv die *Siddhis* zu erlernen. Wie einer von ihnen erzählte, levitierten etwa vierzig Prozent von ihnen, und ein paar machten sich für unterschiedlich lange Zeit unsichtbar.

Bis dahin hatte der Kurs den Namen ›Beherrscher-Trainingskurs des Zeitalters der Erleuchtung‹ und stand nur Lehrern offen. Der Bühnen-Illusionist Doug Henning war der Einzige, der teilnehmen durfte, obwohl er kein Lehrer war. Aber ab Mai wurde der Öffentlichkeit eine neue und vereinfachte Version des Kurses angeboten – das TM-Siddhi-Programm. Die neuen *Siddhas* wurden zu Werbe-Teams zusammengestellt und in alle Welt ausgesandt. Allein dreißig dieser Teams wurden in die Vereinigten Staaten geschickt.

Der TM-Siddhi-Kurs wurde in zwei Stadien angeboten: Phase I war gedacht als ›Vorbereitungsprogramm‹. Sie erstreckte sich über vier bis acht Wochen und wurde in einer ›Hauptstadt des Zeitalters der Erleuchtung‹ abgehalten. Diese erste Phase diente zur ›Festigung des reinen Bewusstseins‹. Phase II schloss die eigentliche Unterrichtung in die *Siddhis* ein und war in vier Zwei-Wochen-Abschnitte eingeteilt, die zu Hause stattfanden.

Über den Inhalt von Phase I konnte ich von einem TM-Kunden etwas erfahren. Mr. Stephen Rozman ist Vorstandsvorsitzender des Department of Political Science am Tougaloo College in Tougaloo, Mississippi. Er war einer der Ersten, die sich für einen der Vorbereitungskurse einschrieben, als sie anfänglich in den USA angeboten wurden. Ich fragte ihn, worin dieser Kurs bestand.

»Nur aus vielen Stunden Meditation«, antwortete er. »Uns wurden keine neuen Techniken vermittelt, außer

14

einer *Pranayama*-Technik. Die Lehrer hielten Vorträge, aber alles in allem nichts Aufregendes.

Was mich bei dem Kurs am meisten störte, war der ständige Programmwechsel, und dass man uns erst im letzten Moment mitteilte, dass Levitation ein ›fortgeschrittenes *Siddhi*‹ sei, wozu man nochmals fünfzehnhundert Dollar und weitere vier Wochen Zeit erübrigen müsste.

Ich möchte kein zu negatives Urteil fällen, denn manchmal scheint es mir, als sähe ich nicht das vollständige Bild. Leute, die die Kurse zu einer anderen Zeit an einem anderen Ort machten, erzählten mir, von positiven Erfahrungen.«

Mr. Rozman selbst nahm nicht mehr an dem eigentlichen *Siddhi*-Programm teil, da er sich ursprünglich eingeschrieben hatte in der Zuversicht, innerhalb von sechs Wochen die Einweisung in die Levitation zu erhalten.

Phase I wurde später ausgegliedert. Dann wurde die Forderung, dass angehende *Siddhas* sechs Monate lang Meditation durchführen mussten, gelockert. Nun kann ein Meditierender bereits drei Monate, nachdem er in die Meditationstechnik eingeführt wurde, einen *Siddhi*-Kurs belegen. Danach wurde die Phase II zeitweise durch ein Vierzig-Tage-›Schnell‹-Programm ersetzt; alles in dem Bemühen, den Leuten die Teilnahme an

den Kursen zu erleichtern. Schließlich wurde ein Teil-
zeit-Siddhi-Programm entwickelt, bei dem man sechs
Wochen lang zweimal in der Woche ein TM-Zentrum
besucht, daran anschließend in der Lage ist, in zwei Wochen zu Hause das ›Flug-*Siddhi*‹, also die Levitation, zu
erlernen. »Maharishi ermöglicht es allen«, erklärte mir
ein Lehrer.

Trotz hoher Teilnahmegebühren haben, wie man mir
sagte, seit dem ersten Angebot im Jahr 1977 zwanzigtausend Menschen *Siddhi*-Kurse belegt. Das sind wesentlich weniger als die zwei Millionen, die den Grundkurs
belegt haben.

In den USA wurden die Kurse anfangs mit einer be-
merkenswerten Werbekampagne angeboten. In »The
Village Voice« und im »The Montreal Star« erschienen
Anzeigen, die kostenlose Vorträge anboten über »die
Fähigkeit, sich durch reine Vorstellungskraft in die Luft
zu erheben, und zwar mittels des Programmes der Transzendentalen Meditation«. Laut Newsweek waren jedoch
viele, die die kostenlosen Vorträge besuchten, »ziemlich
enttäuscht«, und in manchen Zentren wurde sogar der
Ruf »hinauf oder hinaus« im Publikum laut. In den Vor-
trägen wurde nämlich nichts von dem Geheimnis verraten, wie die Levitation durchgeführt wurde. Und Demonstrationen waren ebenfalls nicht vorgesehen.

In einem Interview mit der Zeitung »The Washington Post« erklärte der Anwalt David Sykes aus Baltimore, dass »wir die Welt nicht mit Zirkusnummern unterhalten wollen«. Aber er sagte auch, »so wenigstens zehn Leute für eine solche Darbietung $1000 zahlen würden, man diese zu demonstrieren gewillt sei.« Man darf durchaus glauben, dass das Angebot ernst gemeint war, denn in einer Erklärung in der »Los Angeles Times« vom 29. November 1977 wiederholte und erläuterte Mr. David Verrill diese Aussage. Er meinte, dass zehn Zuschauer pro Mann $1000 Dollar zahlen müssten.

Das ist nicht viel Geld, wenn man dafür sehen kann, wie sich jemand in die Luft erhebt. Am 16. Dezember 1977 kündigte dann ein Anwalt aus Los Angeles in einem Brief an das World Plan Executive Council in Pacific Palisades, Kalifornien, an, dass die Bedingungen angenommen würden. Der Geldbetrag wurde vom ›Committee for the Sincere Practice of Yoga‹ (Komitee für die ernsthafte Ausübung von Yoga) zur Verfügung gestellt, das vom Swami Vishnu Devananda ins Leben gerufen worden war. Der Swami ist der Autor von »The Complete Illustrated Book of Yoga« (Das vollständige und illustrierte Yoga-Buch) und »Mantras and Meditation« (Mantras und Meditation) und außerdem der Gründer der International Sivananda Yoga Vedanta Centres mit Hauptsitz in Val Morin, Quebec (Kanada). Als einer der bekanntesten Yogis der Welt hält er sich für den Bewahrer der wahren logischen Tradition. Seine Haltung gegenüber den Behauptungen der TM-Levitation ist – nun ja, skeptisch.

Seine Skepsis scheint angebracht. Trotz der Angebote von Mr. Sykes und Mr. Verrill sowie seiner eigenen Antwort hat bis heute nicht ein einziger TM-Lehrer öffentlich eine Levitation demonstriert. Das »TIME MAGAZINE« deutet an, dass eine solche Demonstration bevorsteht, doch vom Hauptsitz des Maharishi in der Schweiz wird dies direkt dementiert mit der Begründung, solche Dinge in der Öffentlichkeit zu demonstrieren, sei »unwürdig«.

Es sollte jedoch erwähnt werden, dass es eine Demonstration gab, und zwar in der Maharishi International University in Fairfield, Iowa, im Mai 1977, als die Kurse erstmals angeboten wurden. Vier junge Männer führten die Levitation vor, und zweiundzwanzig Leute waren als Zuschauer eingeladen – bis auf zwei allesamt Meditierende.

»Zeugen glaubten, dass das Gehüpfe, das sie sahen, auch durch gekonnte Turnübungen bewirkt werden könne«, schreibt der Journalist Aubrey Haines. »Der Direktor der National Academy of Gymnasts in Eugene, Oregon, bestreitet allerdings, dass geübte Sportler dieses Kunststück nachmachen könnten, da man unter keinen Umständen im kompletten Lotussitz Schwung holen könne.«

Swami Vishnu wiederum stimmt diesem letzten Argument nicht zu und behauptet, dass man im vollen Lotussitz sehr wohl Schwung holen könne; ja, er selbst lehre eine solche Übung sogar.

Man muss dazu nur in den vollen Lotussitz gehen und dann auf dem Gesäß hin und her schaukeln. Die ersten paar Mal ist es sicher schwer, das Gleichgewicht zu behalten, aber das gibt sich mit der Zeit. Wenn man das Gleichgewicht hält, versucht man, durch das Schaukeln Schwung zu bekommen, dann stößt man sich im richtigen Augenblick vom Boden ab – und ist in der Lage, etwa dreißig Zentimeter in die Luft zu ›hüpfen‹.

Wenn nun ein Fotograf ein sehr kurz belichtetes Foto davon macht, sieht es so aus, als hinge man in der Luft.

Diese Yoga-Technik wird gewöhnlich als Vorbereitung zur Meditation angewandt, um das Gehirn mit Energie zu versorgen. Sie wird jedoch als eine Übung für Fortgeschrittene betrachtet. In seinem Buch »Mantras and Meditation« sagt Swami Vishnu, dass »manche spirituellen Gruppen diese Übungen Anfänger lehren. Das ist für Körper und Geist gefährlich und nicht empfehlenswert, da dabei das *Prana* zu rasch in den Körper übergeht. Wer nicht schon jahrelang Asanas oder die einfacheren *Pranayamas* ausübt, kann Probleme bekommen.«

Ein Problem kann sich aus dem vorzeitigen Aufsteigen der Kundalini ergeben, einer fast mystischen Energie des Menschen, die außerordentlich wohltuend ist, wenn sie richtig aufsteigt, aber auch außerordentlich gefährlich, wenn ihre Anwendung falsch durchgeführt wird. Unser Problem liegt jedoch wo anders.

Swami Vishnu ist skeptisch, ob TM-Meditierende wirklich levitieren.

Er zweifelt aber nicht an der Levitation an sich. In dem Buch »Mantras and Meditation« schreibt er, dass »diese *Siddhis* wirklich existieren«, allerdings äußert er sich in einen Interview später dazu näher: »Um ein Kunststück wie die Levitation zuwege zu bringen, bedarf es vieler Jahre Atemübungen, Diät sowie Enthaltsamkeit von Nikotin, Alkohol und Drogen.«

Wenn das wirklich stimmt, dann kann niemand in acht Wochen die Levitation erlernen.

Aber mit allem Respekt für den Swami – und er verdient sehr viel Respekt –, muss man sagen, dass die ›Hüpf‹-Technik mit Schaukeln und Abstoßen nicht die Technik war, mit der die Fotos der TM-Levitation gemacht wurden. Die Fotografien des Swami sind hervorragend, aber sie lassen das Rätsel der TM-Levitation ungelöst.

Zunächst einmal wird jeder, der die Hüpftechnik des Swami je versucht hat, wissen, dass dazu eine gehörige Portion körperlicher Kraftaufwand notwendig ist. Betrachtet man sich die Fotos, auf denen Menschen bei der ›Levitation‹ gezeigt werden, kann man feststellen, dass sie sich sehr anstrengen. Das verrät eine gewisse Anspannung und in manchen Fällen eine Verrenkung des Körpers. Die TM-Meditierenden jedoch zeigen bei der Levitation auf den Fotografien der TM-Organisation immer eine entspannte Haltung. Noch etwas: Wer die Methode des Swami anwendet, muss sich mit den Händen von Boden abstoßen, sonst erhebt er sich nicht sehr hoch vom Boden. Alle drei von Swamis Leuten werden mit ausgestreckten Armen dargestellt, und diese Haltung wird in allen getürkten Fotografien auftauchen. Doch auf den TM-Abbildungen haben die Levitierenden gewöhnlich die Hände gefaltet oder locker in den Schoß gelegt.

Dann ist da noch etwas anderes, nicht objektiv Greifbares, das man den Interviews mit TM-Levitierenden und TM-Lehrern entnehmen kann, und das ist ihre offensichtliche Aufrichtigkeit. Rick Fields hat das hervorragend in seinem Artikel für das Magazin »New Age« wiedergegeben. Als er seine Zweifel dem TM-Lehrer John Macey darlegte, erwiderte dieser:

»Aber – es ist so, es ist so – ich war dabei. Hunderte von Menschen schwebten und verschwanden und waren einfach fähig, alles auf der Ebene der inneren Wahrnehmung zu wissen – nur dieses reine Bewusstsein von dieser Ebene des begrenzten Wissens arbeitet.«

Wer das einmal gespürt hat, kann diese Art der Aufrichtigkeit nur schwerlich beiseiteschieben. Ganz offensichtlich glauben diese Menschen, dass sie sich erheben, ob sie es nun wirklich tun oder nicht. Uns bleibt zu ermitteln, ob ihr Glaube richtig ist oder nicht.

– Kapitel 2 –

Fakire und Scharlatane

Die Wissenschaft kann die Gravitation nicht erklären, also hat sie keinen Grund, die Levitation zu verteufeln. Die Behauptung der Okkultisten, der Mensch könne durch »reine Willensanstrengung« in der Luft schweben, kann nicht widerlegt werden. Das ändert nun den Charakter unserer Ausgangsfrage. Sie lautet nicht mehr: Kann der Mensch überhaupt fliegen? Sondern: Fliegt der Mensch? Es sieht so aus, als könnte er es – zumindest gelegentlich.

Das heißt nun natürlich nicht, dass jeder Mensch fliegen kann. Ihr Nachbar nebenan kann es wahrscheinlich nicht. Auch Ihr Chef wird wohl nicht fliegen können, allerdings empfehle ich Ihnen nicht, ihn danach zu fragen. Fliegen ist jedoch nicht unmöglich. Wie John Williams sagte, ist nur eine weiße Krähe nötig, um zu beweisen, dass nicht alle Krähen schwarz sind. Und so bedarf es nur eines Levitierenden, um offenkundig zu machen, dass nicht alle Menschen erdgebunden sind.

»Levitation kann willkürlich oder unwillkürlich hervorgerufen werden«, schreibt Madame Blavatsky in »Die entschleierte Isis«.

»Der Magier bestimmt vorher, dass er sich erheben wird, für welche Zeit und in welche Höhe; er stellt die okkulten Kräfte darauf ein. Der Fakir ruft denselben Effekt durch seine Willenskraft hervor und behält, außer in der Ekstase, die Kontrolle über seine Bewegungen. Auf diese Weise erhebt sich der Priester von Siam in der heiligen Pagode mit einer dünnen Kerze in der Hand fünfzehn Meter hoch in die Luft, bewegt sich von einem Götterbild zum anderen, erleuchtet ohne Stütze die Nischen und schreitet so zuversichtlich, als befände er sich auf festem Boden. Die Offiziere der russischen Armee, die kürzlich um die Erde segelten und eine Zeitlang in japanischen Gewässern stationiert waren, sahen Magier in der Luft von einem Baumwipfel zum anderen schreiten. Sie sahen auch andere Kunststücke des Stangen- und Seilkletterns, die von Colonel Olcout in »People from the Other World« (Menschen aus der anderen Welt) beschrieben werden. Colonel Yule und andere, über jeden Zweifel erhabene Zitate belegen, dass diese Effekte tatsächlich hervorgebracht worden sind.« [1]

Bei den primitiven Völkern, deren Geist von den oft unglücklichen Einwirkungen des modernen Rationalismus unberührt blieb, wird die Levitation allgemein akzeptiert.

Ein französischer Missionar hat Dr. Imbert-Gourbeyre erzählt, dass die Indianer in Oregon sich oft der Levitation
bedienten. Mehr als einmal hatte der Missionar mit eigenen
Augen gesehen, wie sich die eingeborenen Schamanen
fast einen Meter in die Luft erhoben und über das Pam-
pasgras gingen, ohne die zarten Rispen zu knicken.

Im alten Britannien herrschte der allgemeine Glaube,
dass die Druiden fliegen könnten, und es gibt Beweise,
dass diese Fähigkeiten nicht restlos verloren ging. Im
dreizehnten Jahrhundert wird über den Mönch Bruder
Bacon erzählt, dass er zwischen den beiden Kirchturm-
spitzen in Oxford hin und her ging. In seinen »Letters on
Natural Magic« (Schriften über natürliche Magie) tut Sir
David Brewster dies als »optischen Effekt« ab, allerdings
ist es nur schwer einsehbar, wie dieser Effekt hätte hervorgerufen werden können. Das Gleiche kann man auch
von der »mechanischen« Erklärung sagen.

In einer seiner Schriften legt Bruder Bacon dar, dass
»ein Instrument erfunden werden könnte, um damit zu
fliegen, wenn man sich in seine Mitte setzt und eine Ma-
schine bewegt, durch welche die künstlich hergestellten
Flügel schlagen wie bei den Vögeln. Mit einem Instrument, das nur drei Finger hoch und drei Finger breit ist,
kann der Mensch sich und alle anderen aus seinem Ge-
fängnis befreien«. An anderer Stelle schreibt er jedoch,

dass er selbst diese Vorrichtung nicht gesehen, sondern lediglich den Erfinder kennengelernt habe. Das lässt vermuten, dass sein Kunststück, in Oxford in der Luft zu gehen, vielleicht mehr esoterische Bedeutung hatte.

Im Falle des tibetischen Weisen Milarepa steht ein mechanisches Gerät vollkommen außer Frage. Im Jetsun Kahbüm lesen wir, dass Milarepa das Flug-*Siddhi* nach langen Stunden der Meditation mit dem »dritten Auge«, dem *Ajna Chakra*, das zwischen den Augenbrauen liegt, erreicht. Als er begriffen hatte, dass er fliegen konnte, schwebte Milarepa über die Felder eines Nachbarn aus seiner Kindheit, einem alten Bauern, der gerade mit seinem Sohn beim Pflügen war. Der Sohn sah Milarepa als erster, wie er über ihnen schwebte. Aber als er seinen Vater in die Seite stieß, war der alte Mann wenig beeindruckt.

»Was gibt es da zu staunen?«, fragte der alte Mann. »Ein gewisser Nyang-Tsa-Kargyen hatte einen missratenen Sohn namens Mila. Das ist dieser Tunichtgut und Hungerleider.«

In ihrem Buch »With Mystics and Magicians« bezieht sich Mme. Alexandra David-Neel auf eine ähnliche Geschichte mit dem Hinweis, dass solche Erfahrungen bei tibetischen Mystikern nicht ungewöhnlich seien.

Auch bei Mystikern anderer Länder sind solche Erfahrungen nicht ungewöhnlich, aber die Mystiker, die nicht aus Tibet stammen, halten nicht viel von den *Siddhis*. In »The Lives of the Philosophers« sagt Eunapius über den griechischen Neo-Platoniker Iamblichus, seine Diener hätten ihn oft gesehen, wie er »sich mehr als zehn Ellen insgesamt in die Luft erhoben hat«. Als man es seinen Schülern erzählte, baten diese den Meister um eine Demonstration, worauf er herzlich lachte und sagte: »Wer euch so hinters Licht geführt hat, ist ein Schelm, aber die Wahrheit sieht anders aus.« Er glaubte allerdings an die Levitation, denn in seinem Buch über ägyptische Zauberei »On the Mysteries« warnt er vor bestimmten psychischen Manifestationen, vor allem davor, »länger oder dicker oder in der Luft schwebend zu erscheinen«.

Diese Haltung gegenüber den *Siddhis* findet man überall in der mystischen Literatur. Die *Siddhis* existieren, daran gibt es keinen Zweifel, doch sie dürfen nicht kultiviert werden. In »The Yoga Sutras« erklärt Patanjali, dass die *Siddhis* »Behinderungen der echten Wahrnehmung« sind. Bestimmte Theosophen sprechen sich gegen das aus, was sie »Psychismus« nennen – die Kultivierung psychischer Kräfte um ihrer selbst willen. Ansari von Herat sagt in einer seiner Schriften:

»Kannst du auf dem Wasser gehen? Dann tust du nichts anderes als ein Strohhalm. Kannst du in die Luft

fliegen? Dann tust du nichts anderes als eine Schmeiß-
fliege.«

In »The Perennial Philosophy« erzählt Aldous Huxley
eine Geschichte aus einer der Pali-Schriften (er sagt uns
allerdings nicht, in welcher), die von Buddha und der Levitation handelt. Buddha soll vom Kummer der Welt gesprochen haben und vom Weg zum Nirwana, als einer
seiner Schüler eintraf und ein »erstaunliches Kunststück«
– so Huxleys Worte – von Levitation vorgeführt haben
soll. Alle erwarteten vom Meister, dass er ein noch größeres
Kunststück zeigen würde, doch Buddha tadelte seinen
Schüler lediglich und fuhr mit dem Unterricht fort.

Im »Dighanikaya« erklärt Buddha, dass er die *Siddhis*
zu verhindern trachte, da sie sich ebenso bei Nicht-
Buddhisten manifestierten. Warum sollte jemand
Buddhist werden, um die Levitation durchzuführen, wenn
eine Vielzahl von Saddhus und Yogis es genauso gut
konnten? Ich vermute, dass es dafür allerdings noch
einen anderen Grund gab.

Erinnern wir uns daran, dass Buddha der Anführer
seiner kleinen Gruppe war, und diese Position hing davon
ab, dass er seinen Schülern überlegen schien. Er hatte
eine politische Stellung zu schützen; und von diesem
Standpunkt aus hatte sich sein Schüler vielleicht der
Majestätsbeleidigung schuldig gemacht. Wäre Buddha

also nicht fähig gewesen, etwas noch Großartigeres als die Levitation seines Schülers vorzuführen, dann hatte er gar keine andere Wahl als den Tadel.

Bei Lamblichus kommt dies sehr stark zum Ausdruck. Wir haben bereits gehört, dass er nach einer Herausforderung unfähig oder nicht gewillt war, für seine Schüler in der Luft zu schweben, und dass er der Situation mit Humor zu begegnen versuchte. In einem Brief an seinen Schüler Porphyrius schreibt er allerdings, dass ihm nicht nach Lachen zumute war. Er erwähnt Menschen, »von denen man wusste, dass sie sich in die Luft erhoben«, und er spottet, »je unwissender und geistig beschränkter ein Jugendlicher ist, um so offener wird sich die göttliche Macht zeigen«. Daher war Lamblichus‹ Unfähigkeit zur Levitation ein Beweis seiner Überlegenheit!

Geschicktere Meister haben noch findigere Lösungen. In einem seiner Bücher berichtet Bertrand Russell von einer amerikanischen religiösen Schwärmerin, die ihren Anhängern erzählte, sie könne übers Wasser gehen. Natürlich wollte das auch einmal jemand sehen. Da an dem Platz, an dem diese Herausforderung ausgesprochen wurde, kein Wasser vorhanden war, schlug sie vor, sich mit ihren Schülern an einem nahe gelegenen See zu treffen. Die Stunde kam, ihre Anhänger hatten sich versammelt, und als die Dame erschien, erwarteten alle eine große Levitationsshow. Stattdessen wurde ihr Glauben äußerst hart getestet. »Wie viele unter euch glauben, dass ich übers Wasser gehen kann?«, fragte sie. Als die Anhänger erwiderten, sie alle würden es glauben, antwortete sie, dann gäbe es für sie keinen Grund, es zu tun. Damit ging sie.

Die Levitation ist auch unter den Mystikern nicht unbekannt. Nach Olivier Leroy, einem römisch-katholischen Christen, der ein umfangreiches Werk verfasst hat über Levitationen in der katholischen Welt, sind von etwa zwanzigtausend Heiligen, die in der Acta Sanctorum genannt sind, etwa sechzig gesehen worden, die zu Lebzeiten levitierten.

Die erstaunlichsten Fälle von Levitation wurden allerdings nicht von einem katholischen Heiligen, sondern von einem protestantischen Sünder gezeigt – von Mr. Daniel Dunglas Home. »Es gibt mindestens hundert belegte Beispiele, dass sich Mr. Home vom Boden in die Luft erhoben hat«, schrieb Sir William Crookes.

»In meiner Gegenwart geschah es viermal bei Dunkelheit; aber ich erwähne nur die Gelegenheiten, bei denen die Folgerungen des Verstandes durch den Gesichtssinn bestätigt wurden. Bei drei verschiedenen Gelegenheiten sah ich ihn sich vollkommen vom Boden erheben. Jedes Mal konnte ich das Geschehen genau verfolgen.

Beim ersten Mal ging er zu einer ausgeräumten Stelle des Zimmers, und nachdem er eine Weile ruhig dagestanden hatte, sagte er uns, dass er sich nun erheben würde. Ich sah, wie er langsam, in einer gleitenden Bewegung, nach oben schwebte und einige Sekunden um die sechs Zoll über dem Boden in der Luft stehenblieb, dann kam er langsam wieder herab. Bei einer anderen Gelegenheit wurde ich aufgefordert, zu ihm zu kommen, als er sich achtzehn Zoll über den Boden erhob; ich fuhr mit der Hand unter seine Füße, um seinen Körper herum und über seinen Kopf, solange er sich in der Luft befand.«

Die Levitation ist eigentlich in Indien beheimatet, und in Indien finden wir mehr Geschichten über Levitationen als anderswo. »Levitation, beziehungsweise das Erheben des Körpers vom Boden und das Schweben in der Luft über dem Sessel oder dem Sofa, ist eine in Indien allgemein anerkannte Tatsache«, schreibt Ernest Wood. »Ich erinnere mich an eine Gelegenheit, als ein alter Yogi sich in Ruhestellung auf offenem Feld etwa einen Meter achtzig in die Luft erhob, und zwar über eine halbe Stunde lang. Den Zuschauern war es gestattet, in dem Zwischenraum Stäbe hin und her zu bewegen.«

Von Prinz Mahendra, einem Buddhisten aus dem dritten Jahrhundert, erzählt man, er habe sich in der Levitation mit einigen seiner Anhänger nach Ceylon begeben und sich auf dem Berg Missa niedergelassen. Das erscheint allerdings ein wenig weit hergeholt. Glaubhafteres, und auch Typischeres, wird von Apollonius und seinem Schüler Damis berichtet.

Die Geschichte stammt aus »Leben des Apollonius« von Tyana von Philostratus auf der Grundlage von Damis‹ Tagebuch. Apollonius und Damis reisten im ersten Jahrhundert nach Indien und, nach Damis, »sahen (die Brahmanen Indiens) sich zwei Ellen in die Luft erheben«. Daran sah Damis nichts Ungewöhnliches, augenscheinlich ebensowenig die Brahmanen. Sie vollführten die Levitation nicht »um der wundersamen Darstellung« willen, so Philostratus; man betrachtete es vielmehr als einfachen Glaubensakt für den Sonnengott.

In einem Absatz, den Colonel Yule anführt, erwähnt Bruder Ricold »bestimmte Männer, denen die Tartaren die allerhöchste Ehre erweisen, nämlich den Baxitae (d. h. Bakhshis), eine Art Götzenpriester. Diese Männer kommen aus Indien; sie sind von tiefer Weisheit erfüllt und von großer Moral. Im Allgemeinen sind sie mit der Kunst der Magie vertraut und stützen sich auf den Rat und die Hilfe von Dämonen; sie können zaubern und manche zukünftigen Ereignisse voraussagen. Zum Beispiel sagte man von einem unter ihnen von hohem Ansehen, er könne fliegen. In Wahrheit jedoch (wie sich zeigte) flog er nicht, sondern ging dicht über dem Erdboden, ohne diesen zu berühren; und er schien ohne eine feste Unterlage zu sitzen.«

Etwas Ähnliches berichtet uns auch Francis Valentyn. Er sagt, dass ein Mann sich zunächst auf drei zu einem Stativ zusammengesetzte Holzstäbe setzt; »dann werden die Stäbe einer nach dem anderen entfernt; aber der Mann bleibt in der Luft sitzen und fällt nicht herunter! Ich habe schon mit zwei Freunden gesprochen, die beide zur gleichen Zeit das Gleiche gesehen haben; einer von ihnen, der, wie ich hinzufügen möchte, seinen Augen nicht traute, machte sich die Mühe, mit einem langen Stock unter dem ruhenden Körper nachzuforschen. Aber, wie der Herr mir versicherte, er fühlte und sah nichts. Trotzdem kann ich nur sagen, dass ich es nicht glaube, da es zu sehr dem Verstand zuwiderläuft.«

Wider den Verstand, jedoch nicht widersinnig. Andere haben Gleiches beobachtet.

»Als ich im Jahre 1878 vor der Königin Victoria in Balmoral erschien«, schrieb Professor Kellar, »wurde ich gefragt, ob ich mit dem Kunststück der Levitation mithalten könne, das die Offiziere Ihrer Majestät in Nordindien gesehen und von denen sie in ihren Briefen in die Heimat berichtet hatten.

Ich erwiderte, dass ich mit den geeigneten mechanischen Hilfsmitteln die Illusion einer Levitation hervorrufen und scheinbar, wie die Magier, die Schwerkraft überwinden könne, dass aber eine tatsächliche Aufhebung dieser Kraft jenseits meiner Macht stünde. Als Bekräftigung der weltweiten Neugier, die dieses wunderliche Phänomen hervorruft, darf ich noch erwähnen, dass der König von Burma bei meinem Besuch in Mandalay sowie der ehrenwerte Dom Pedro vom Teatro Dom Pedro Secundo in Rio ähnliche Bitten an mich gerichtet haben, die ich aber gleichermaßen abschlagen musste.

Anlässlich des Besuches des Prinzen von Wales in Kalkutta im Winter 1875/76 sah ich das Wunder der Levitation, das in Anwesenheit des Prinzen und weiterer fünfzigtausend Zuschauer dargeboten wurde. Der alte Fakir war ein Meister der Magie und führte seine Kunst mitten auf dem offenen Great Plaza oder Maidam von Kalkutta vor. Um ihn herum, auf erhöhten Sitzen und auf sowie unter den Galerien der Nachbarhäuser scharten sich die einheimischen Prinzen und Begums in ihren seidenen Gewändern und Juwelen, von einer Pracht, an die unsere westlichen Augen kaum gewöhnt sind.

Nachdem er den Prinzen begrüßt hatte, nahm der alte Fakir drei Schwerter mit und rammte die Griffe fünfzehn Zentimeter tief in den Boden. Die Spitzen dieser

Schwerter waren sehr scharf, wie ich mich später selbst überzeugte. Dann erschien ein jüngerer Fakir und legte sich auf eine Geste seines Meisters der Länge nach auf den Boden hin. Die Füße hatte er geschlossen und die Arme fest an den Körper gepresst. Nach ein oder zwei Handbewegungen des alten Mannes wurde der Körper des jungen Fakirs steif und leblos. Ein dritter Fakir erschien jetzt, nahm die Füße seines am Boden liegenden Kameraden, dessen Kopf vom Meister angehoben wurde. Dann legten die beiden Männer den steifen Körper auf die Schwertspitzen, die den Körper anscheinend trugen, ohne ins Fleisch einzudringen. Eine Schwertspitze befand sich direkt unter dem Nacken des Mannes, die zweite war genau zwischen seinen Schultern und die dritte an der Basis der Wirbelsäule, wobei sich nichts unter seinen Beinen befand. Nachdem der Körper auf die Schwertspitzen gelegt worden war, zog sich der zweite Fakir zurück, und der alte Mann, der ein wenig entfernt stand, wandte sich um und verbeugte sich vor dem Publikum.

Der Körper neigte sich weder nach rechts noch nach links, sondern schien sich in mathematisch präzisem Gleichgewicht zu befinden. Da nahm der Meister einen Degen, mit dem er die Erde um den Griff des ersten Schwertes entfernte, zog ihn mit einiger Anstrengung heraus und steckte ihn ruhig in seinen Gürtel; der Körper aber blieb immer noch in der gleichen Position. Das zweite und das dritte Schwert wurden auf dieselbe Weise unter dem Körper entfernt, welcher im hellen Tageslicht und unter den Augen aller Zuschauer seine horizontale Lage, ohne sichtbare Stütze, einen guten halben Meter über der Erde beibehielt. Ehrfürchtiges Gemurmel erhob sich in der weiten Menge; mit einer tiefen Verbeugung zum Prinzen winkte der Meister seinem Assistenten, und gemeinsam hoben sie den Körper von seinem luftigen Platz und legten ihn auf den Boden. Nachdem der Meister ein paar Handbewegungen vollführt hatte, war der leblose junge Mann wieder ganz bei sich.«

Eine häufiger berichtete Version der indischen Levitation ist der Indische Seiltrick, der die Levitation mit anderen, womöglich noch erstaunlicheren Vorgängen verbindet. Die nachstehende Erzählung stammt von Edward Melton, einem anglo-niederländischen Reisenden, der den Trick im Jahre 1670 von chinesischen Zauberern vorgeführt sah:

»Was ich nun berichten werde, übersteigt allen Glauben; und ich würde es nicht wagen, es hier niederzuschreiben, wenn nicht Tausende vor meinen Augen dasselbe gesehen hätten. Einer aus der Gruppe (der Zauberer) nahm ein Seilknäuel, legte ein Ende des Seils in die

Hand und schleuderte es so hoch in die Luft, dass es sich unserer Sicht entzog. Dann kletterte er mit unbeschreiblicher Behendigkeit so hoch hinauf, dass wir ihn nicht mehr sehen konnten. Ich stand voll Erstaunen da und begriff nicht, was da vorging, als – pardauz! – ein Bein aus der Luft herunterkam. Einer aus der Zauberergruppe nahm es sofort an sich und warf es in den Korb, den ich schon zuvor einmal erwähnt habe. Einen Augenblick später fiel eine Hand herab, und gleich danach das andere Bein. In kürzester Zeit fielen so alle Körperglieder aus der Luft und wurden in den Korb gelegt. Das letzte Körperteil, das wir herunterpurzeln sahen, war der Kopf. Kaum hatte er den Boden berührt, als der Mann, der alle Körperteile in den Korb eingesammelt hatte, diese wieder auf den Boden schüttete. Da sahen wir auch schon die Körperteile aufeinander zukriechen, und gleich darauf setzten sie sich zu einem Menschen zusammen, der wie zuvor stehen und gehen konnte, ohne auch nur den geringsten Kratzer zu zeigen! In meinem ganzen Leben war ich noch nicht so verblüfft gewesen wie bei dieser Vorstellung ... Es erscheint mir unmöglich, dass so etwas mit natürlichen Mitteln zu bewerkstelligen ist.«

»Hunderte von Reisenden behaupten, sie hätten Fakire (bei der Levitation) gesehen, und alle hielt man sie für Lügner oder unterstellte ihnen Halluzinationen«, schrieb Madame Blavatsky in »Die entschleierte Isis«. In »The Occult Underground« sagt James Webb das Gleiche. Nach detaillierten Schilderungen von Levitationen bemerkt er: »Es gibt keinen Grund anzuzweifeln, dass man diese Levitationen gesehen hat; aber ebenso ist es möglich, dass Situationen von extremem Stress solche Meldungen hervorbringen. Zum Beispiel hat einer der Überlebenden des Untergangs der Newfoundland Minuten vor dem Untergang des Schiffes im Jahre 1898 einen französischen Dominikaner in der Luft schweben sehen.«

Wenn wir aufgrund historischer Ereignisse darüber befinden wollen, ob die Levitation nun möglich ist oder nicht, so müssen wir diese Ereignisse ordnen. Es gibt verschiedene Wege, eine Levitation vorzutäuschen, und sogar einige okkulte Praktiken, die man leicht mit der Levitation verwechseln kann. Diese ordne ich ein in die »indirekten« Kategorien, weil sie nicht direkt das sind, was sie zu sein scheinen.

Der Indische Seiltrick gehört dazu. In dem Buch »Beyond Telepathy« (Jenseits der Telepathie) erzählt Dr. Indrija Puharich von einem Dr. Rudolph von Urban, der genau das von Edward Melton weiter vorne beschriebene Kunststück nicht nur sah, sondern sogar filmte. Jeder stimmte mit den Einzelheiten überein – das Seil wurde in die Luft geworfen, der Körper des Assistenten wurde in seine Einzelteile zerlegt und so weiter –, doch der Film zeigte etwas Anderes: Zwei Personen betraten die Bühne, auf der das Kunststück vorgeführt wurde, warfen das Seil in die Luft und blieben dann für den Rest der »Vorführung« auf dem Boden sitzen. Mit bestimmten bekannten, aber äußerst schwer zu beherrschenden okkulten Techniken hatten diese Fakire das gesamte Publikum hypnotisiert.

Aghenanda Bharati berichtet in seinem Artikel in »Extrasensory Ecology« (etwa: Außersinnliche Umwelt) etwas Ähnliches. In den frühen fünfziger Jahren erfuhr Mr. Bharati von einem Fakir im Distrikt Almore im Himalaya, der bereit war, für alle Neugierigen eine Levitation vorzuführen. Etwa fünfzig Personen fanden sich zu der Vorführung ein, darunter auch Mr. Bharati. Gemeinsam sang man das *Kirtan*, Räucherwerk wurde bei Vollmond verbrannt, während der Fakir einige Yoga-Übungen durchführte. Gegen sechs Uhr am folgenden Morgen waren alle mit dem, was sie gesehen hatten, rundherum zufrieden, doch Mr. Bharati hatte nichts gesehen. In einer Unterhaltung mit den anderen Zuschauern erfuhr er zu seiner Überraschung, dass diese den Fakir mindestens zwei Meter über dem Boden hatten schweben sehen. Der Fakir hieß Jairam Baba und war in der Gegend bekannt für seine Demonstrationen der Levitation.

Wer zum Vergnügen eine ganze Menschenmenge hypnotisieren kann, verfügt über einige okkulte Kraft, obgleich sich die Levitation nicht darunter befinden muss. Es gibt jedoch noch eine andere Art, Levitation vorzutäuschen, die einfacher zu erlernen ist und häufiger angewandt wird. Ich nenne sie die Stab-Levitation, weil dabei immer irgendwo ein Stab mit im Spiel ist. Ein typisches Beispiel für eine Stab-Levitation ist in Jacolliots Buch über indischen Okkultismus zu finden. In diesem Buch ist der Name des Fakirs Coomaraswamy.

»Er stützte sich schwer auf ein Eisenholzrohr, das ich aus Ceylon mitgebracht hatte, legte die rechte Hand auf den Griff und richtete den Blick fest auf den Boden. Dann begann er, die passenden Gesänge zu intonieren.

Mit einer Hand auf das Rohr gestützt, erhob sich der Fakir einen guten halben Meter vom Boden. Er hatte die Beine unter sich verschränkt und veränderte diese Position auch nicht, welche stark an die Haltung des Bronzebuddhas erinnerte, die die Touristen in den Fernen Osten lockt.«

Eine ähnliche Geschichte erschien im März 1847 im »Tatwabodhini Patrika«, die für die Augustausgabe 1882 des Theosophist übersetzt wurde.

»Vor einigen Jahren sahen viele Hindus und Engländer einen Yogi aus dem Dekkan namens Sishal, wie er sich im *Asana* in die Luft erhob. Das Bild des Yogi, auf dem seine Art des Sitzens und andere damit verbundene Einzelheiten gezeigt sind, ist auf Seite 28 des »Saturday Magazine« zu sehen. Er ruht mit dem ganzen Körper in der Luft, nur die rechte Hand berührt leicht ein Hirschleder, das röhrenförmig zusammengerollt und an einem Messingstab befestigt ist. Dieser steckt fest in einem Holzbrett, welches auf vier Beinen steht. In dieser Stellung vollführte der Yogi gewöhnlich mit halb geschlossenen Augen sein *Japa*. Zum Zeitpunkt des Aufstieges in seinen luftigen Sitz sowie bei seinem Abstieg bedeckten seine Schüler ihn immer mit einem Tuch.«

Im Juni 1936 veröffentlichte »The Illustrated London News« neue Fotografien dieses Tricks, der auf einer Teeplantage in Indien vorgeführt worden war. In diesem Falle handelte es sich um einen Yogi namens Subbayah Pullavar, der Fotograf war der englische Plantagenbesitzer P.T. Plunkett. Auch hier wurde der Yogi vor und nach der eigentlichen Levitation mit einem Tuch bedeckt; und wieder war ein Stab mit im Spiel.

Nun kann ich natürlich nicht mit Sicherheit sagen, dass auch nur einer dieser Yogis sich nicht wirklich in die Luft erhoben hat. Vielleicht haben sie das alle. Sishal jedoch stellte sich später eher als Zauberer denn als

Okkultist heraus, und es gibt tatsächlich einen indischen Levitationstrick, der mit einem Stab vorgeführt wird.

Das Geheimnis des indischen Seiltricks wurde erstmals von dem orientalischen Magier Ling Lau Lauro im Jahre 1826 nach Europa gebracht. Ling Lau Lauro benutzte bevorzugt einen Bambusstab, und, wie Rawcliffe beobachtet, »die Wirkung war beeindruckend«.

»Das Geheimnis dieses Tricks«, so schreibt Rawcliffe, »lag darin, dass innerhalb des Bambusrohrs ein Eisenstab lief, der oben rechtwinklig gebogen war. Daran befestigt war eine Metallklammer, die den Magier trug. Der Metallträger und die waagerechte eiserne Stütze waren von der Kleidung und den Ärmeln des Magiers verdeckt.«

Sishal verwandte einen Stuhl, doch meist benutzte er eine Eisenstange, die in ein Loch im Boden eingelassen war; dieses war natürlich zuvor vorbereitet worden und blieb den Augen der Zuschauer verborgen. Da hierfür eine Vorbereitung notwendig war, konnte dieser Trick nicht jederzeit und an jedem Ort vorgeführt werden. Aber er ist nicht allzu schwierig; zahlreiche Reisende haben ihn beobachtet. Selbstverständlich darf Robert Houdin nicht verschwiegen werden, der im Jahre 1849 auf einer Bühne in Paris mithilfe dieser Technik seinen Sohn in der Luft »schweben« ließ.

Die »indirekte Levitationsmethode« der Kategorie Nummer Drei ist zwar auch in Indien bekannt, besser jedoch in Europa. Im *Prabandhacintamani* wird erzählt, dass der große Yogi Nagarjuna durch ein Elixier, das er bereitet hatte, fliegen konnte. In Europa waren diese Elixiere als »Flugsalben« bekannt und spielten als solche in der Hexerei des Mittelalters eine große Rolle.

In seinem Buch »On Witchcraft« (Über die Hexenkunst), veröffentlicht im Jahre 1533, berichtet Paul Grilland von einer Gerichtsverhandlung, die sieben Jahre zuvor in Rom stattgefunden hatte. Die Angeklagte – eine Hexe – soll Levitation praktiziert haben. Man behauptete – und sie wies dies nicht zurück –, dass die Flüge immer begannen, nachdem sie sich mit einer bestimmten »Zaubersalbe« eingerieben hatte. Im »Book of the Sacred Magic of Abra-Melin the Mage« (Das Buch der Heiligen Magie des Magus Abra-Melin) erzählt Abraham, der Jude, von einem eigenen Erlebnis mit der Flugsalbe:

»In Linz arbeitete ich mit einer jungen Frau, die mich eines Abends einlud, sie zu begleiten. Sie versicherte mir, dass sie mich, ohne ein Risiko damit einzugehen, an einen Ort bringen würde, nach dem ich mich heftig sehnte. Ich ließ mich von ihren Versprechungen überreden. Dann gab sie mir eine Salbe, die ich auf den Hauptpuls an Füßen und Händen auftrug. Sie tat dasselbe. Zunächst schien es mir, als flöge ich an dem Ort, zu dem ich mich hin wünschte und den ich ihr gegenüber mit keinem Wort erwähnt hatte, in der Luft.

Schweigend dämmerte ich hinüber und stieg aus meinem Körper heraus, was höchst erstaunlich war. Nachdem ich, wie mir schien, sehr lange dort verweilt hatte, fühlte ich mich, als erwache ich aus tiefem Schlaf. Ich litt unter starken Kopfschmerzen und großer Melancholie. Ich wandte mich um und sah die junge Frau neben mir sitzen. Sie begann, mir zu berichten, was sie gesehen hatte; aber das unterschied sich ganz wesentlich von meinem Erlebnis. Ich war höchst erstaunt, denn es war mir vorgekommen, als wäre ich tatsächlich körperlich an jenem Ort gewesen und hätte dort wirklich gesehen, was geschehen ist. Ich bat sie aber, sich einmal allein an jenen Ort zu begeben und mir Nachricht zu bringen von einem Freund, von dem ich wusste, dass er bestimmt zweihundert Wegstunden entfernt war. Sie versprach mir, dies innerhalb einer Stunde durchzuführen. Dann rieb sie sich mit derselben Salbe ein, und ich erwartete, sie davonfliegen zu sehen; stattdessen fiel sie zu Boden und blieb dort drei Stunden wie tot liegen, so dass ich bald dachte, sie sei wirklich tot. Endlich begann sie, sich zu regen wie jemand, der erwacht, setzte sich auf und berichtete voller Freude von ihrer Reise. Sie sei an dem Ort gewesen, an dem sich mein

Freund befand, und erzählte, was er alles getan habe, was aber genau das Gegenteil von seinem Beruf war. Woraus ich schloss, dass sie, mir lediglich einen einfachen Traum schilderte, und dass jene Salbe nur einen phantastischen Schlaf verursachte.«

Johannes Baptista Neopolitanus erzählt in seiner Schrift »Natural Maqic« (Natürliche Magie) eine ähnliche Geschichte, jedoch ohne wie Abraham, der Jude, selbst die Flugsalbe ausprobiert zu haben.

»Eine Hexe fiel mir in die Hände, die sich erbot, eine Reise in ferne Länder zu machen. Alle, die ich als Zeugen für diese Sache mitgebracht hatte, sollten jedoch ihre Kammer verlassen. Als sie sich ausgezogen hatte und den Körper mit bestimmten Salben eingerieben hatte (was wir durch einen kleinen Spalt in der Tür beobachteten), fiel sie durch die einschläfernde Macht der Salbe in einen tiefen Schlaf. Also erbrachen wir die Tür und schlugen sie heftig; doch ihr Schlaf war so fest, dass sie kein Gefühl besaß, und so ließen wir sie für eine Weile allein. Als nun ihre Kräfte sie verließen, erwachte sie von sich aus und begann, sinnlose und kindische Worte von sich zu geben und bekräftigte, sie habe Meere und Berge überflogen, und gab uns viele falsche und unwahre Berichte.«

Er glaubte, die Flugsalben wirkten nicht bei jedem, sondern nur bei »alten Frauen von äußerst kalter Natur«, die, kurzgesagt, Melancholiker sind. Aufgrund der Beschaffenheit der Zutaten neige ich allerdings eher zu der Ansicht, dass die Salben doch bei jedem wirken. Sie enthalten nämlich einige gefährliche Drogen, die, wenn auch schwierig, so doch zu beschaffen sind. Ich empfehle allerdings niemandem, eine solche Salbe auszuprobieren, denn dieselben »Flüge« kann man gefahrlos auch mit rein mentalen Methoden machen.

Bedauerlicherweise ist an der Verbindung zwischen Drogen und Okkultismus nichts Ungewöhnliches. Von Eckartshausen beschreibt zum Beispiel bestimmte Zubereitungen, die man anwenden kann, um Geister zu sehen. Er macht jedoch auch allen klar, dass die Drogen sorgfältig anzuwenden sind, sonst könne man sich leicht zu den Geistern gesellen, die man sehen will. Auch von Martinez de Pasqually, dem Begründer des Martinistenordens, sagt man, er habe Drogen benutzt, um die Qualität seiner Erfahrungen im Rahmen seiner magischen Experimente zu verbessern. Mit gutem Gewissen kann ich aber niemandem etwas empfehlen, von dem ich weiß, dass es äußerst gefährlich ist; und damit kommen wir zur Kategorie Nummer Vier und zu einer Technik des Fliegens, die weitaus weniger riskant ist.

In dem Buch »Psychic Discoveries Behind the Iron Curtain« (Psychische Entdeckungen hinter dem Eisernen

Vorhang) beziehen sich Lynn Schroeder und Sheila Ostrander auf eine »alte Sage, dass derjenige, der das Anahat Chakra des Herzens weckt, auf Luft gehen kann«. Das ist nun aber in der Tat keine alte Sage, sondern in bestimmten Yoga-Büchern finden sich Andeutungen über diesen Effekt. Ich vermute, dass diese beiden Autoren speziell von dem Yoga-Buch »The Serpent Power« (Die Schlangenkraft) in der Übersetzung von Sir John Woodroffe inspiriert wurden. In der Beschreibung des *Anahat Chakra* steht zu lesen, dass durch die Meisterung dieses Chakras »(der Yogi) in der Lage ist, die Festung des Feindes zu betreten, auch wenn sie bewacht und schwer zugänglich ist. Und er erlangt die Macht, sich selbst unsichtbar zu machen, durch den Himmel zu fliegen und Ähnliches«.

Das wäre ein klarer Hinweis auf eine fortgeschrittene Form der Levitation, doch im gleichen Text steht geschrieben, dass der Yogi »in der Lage ist, in den Körper eines anderen Menschen zu gelangen«, und das deutet auf etwas anderes hin, nämlich darauf, dass hier keine Levitation beschrieben wird, sondern eine andere okkulte Erfahrung, die leicht damit verwechselt werden kann – die Astralprojektion.

Jeder, der schon einmal mit Astralprojektion experimentiert hat, weiß, dass man tatsächlich den Körper eines anderen Menschen betreten kann, oder die Festung eines Feindes, »auch wenn diese bewacht oder schwer zugänglich ist«. Aber für die Astralprojektion muss man sich nicht unbedingt mit dem *Anahat Chakra* des Herzens befassen.

Eine Vielzahl von Techniken zur Astralprojektion wird von Silva Mind Control, von Eckankar, den AMORC – Rosenkreuzern und einer Menge Möchtegern-Lehrer angeboten, die ihre Methoden in Büchern darlegen. Wenn man alle diese Techniken genau untersucht, stellt man fest, dass sie eines gemeinsam haben – die Visualisierung.

Der Grund ist, dass es gar nicht so schwierig ist, einen ätherischen Teil des Bewusstseins an einen entfernten Ort zu schicken. Die Schwierigkeit liegt darin, einen gewissen Grad an Bewusstsein aufrechtzuerhalten, um sich nicht gänzlich an diesen Ort zu projizieren, sondern nur gewahr zu werden, was dort geschieht.

Hier hilft die Visualisierung weiter, denn in einem gemeinsamen Zentrum im Gehirn werden alle seelischen Eindrücke in visuelle Bilder umgesetzt. Wenn Sie träumen, sich irgendetwas vorstellen, sich an ein zurückliegendes Ereignis erinnern oder wenn Sie psychisch eine Sache gewahr werden, dann ist immer dieses Zentrum tätig. Das können Sie leicht selbst nachprüfen. Wenn Sie mit einem

Programm von Visualisierungsübungen beginnen, werden Sie feststellen, dass Ihre Träume bald intensiver werden, dass Sie sich lebhafter an etwas erinnern können und dass Ihre psychischen Eindrücke, wenn sie die Form visueller Bilder annehmen, klarer und deutlicher werden.

Wenn Sie die Astralprojektion einmal versuchen wollen, dann am besten in einem Zimmer, in dem Sie eine Weile allein sein können. Setzen Sie sich bequem in einen Sessel, und zwar so, dass Ihr Blick entweder auf eine kahle oder nur wenig geschmückte Wand fällt. Wenn nötig, verrücken Sie einige Möbelstücke, damit Ihr Blick so unbehindert wie möglich ist. Wenn Sie das erledigt haben, suchen Sie sich einen einfach gestalteten Gegenstand und stellen Sie ihn so, dass er direkt in Ihrer Blickrichtung liegt, wenn Sie im Sessel sitzen. Wählen Sie kein kompliziertes Gemälde, da dies – zumindest zu Anfang – schwer zu visualisieren ist. Nehmen Sie auch nichts zu Banales, denn das wäre keine genügend große Herausforderung für Ihre keimenden Kräfte. Sie wählen einfach etwas, das Sie ganz genau ohne große Anstrengung visualisieren können.

Haben Sie den Gegenstand ausgesucht, egal ob es sich um eine Lampe oder etwas anderes handelt, stellen Sie ihn so auf, dass Sie außer ihm nichts anderes sehen. Jetzt setzen Sie sich hin und studieren die Szene vor sich.

Nehmen Sie nur eine oder zwei Minuten lang alle Einzelheiten in sich auf, dann schließen Sie die Augen und versuchen Sie, den Raum und den Gegenstand zu »sehen«, wie zuvor mit offenen Augen.

Das ist eine Visualisierungsübung, allerdings mit einem Unterschied. Wenn Sie den Raum vor sich visualisieren, müssen Sie ihn mit Ihrem geistigen Auge ganz genauso sehen wie mit Ihren physischen Augen. Sie müssen Ihre geistigen Bilder als wirklich nach »draußen« tragen, sodass etwa die Wand des von Ihnen visualisierten Raumes genau den gleichen Abstand zu haben scheint wie die Wand im wirklichen Zimmer. Der Gegenstand, den Sie vor sich hingestellt haben, sollte in Ihrer Visualisierung denselben Abstand haben wie das echte Objekt. Für manche von Ihnen mag das ganz offenkundig sein, doch ich betone das absichtlich, denn Anfänger machen gerne den Fehler, geistige Bilder im Kopf zu behalten. Wenn Sie die Astralprojektion erfolgreich praktizieren wollen, müssen Sie sich aber mit Ihren Bildern umgeben, sodass Sie den Raum immer auf die gleiche Weise »sehen«, ob Sie die Augen nun geschlossen oder geöffnet haben.

Nun werden zu Anfang Ihre Bilder rasch wieder verschwinden. Das ist normal, und in diesem Fall sollten Sie die Augen öffnen, den Raum vor sich noch einmal in sich aufnehmen, um das Gedächtnis aufzufrischen, und dann die Augen wieder schließen und noch einmal versuchen, den Raum vor sich zu »sehen«. Wiederholen Sie diese Übung etwa zehn bis fünfzehn Minuten lang je Sitzung. Versuchen Sie, jeden Tag mindestens eine praktische Übung durchzuführen.

Bei dieser Art der Entwicklung werden Sie feststellen, dass täglich zehn bis fünfzehn Minuten mehr bringen als vierzig bis sechzig Minuten alle vier Tage. Wenn Sie Ihre Visualisierungskraft ein wenig geschärft haben und damit bereit sind für etwas Komplizierteres als eine Tischlampe, dann versuchen Sie es einmal mit einer Uhr. Sehen Sie die Uhr an, schließen Sie die Augen und lassen Sie einige Minuten verstreichen. Dann visualisieren Sie die Uhr vor sich. Wenn Sie erfolgreich auf eine Astralprojektion hinarbeiten, werden Sie feststellen, dass die Uhr vor Ihrem geistigen Auge die richtige Zeit anzeigt. Das ist natürlich erst von Bedeutung, wenn Sie zwischen dem Betrachten und dem Visualisieren der Uhr einige Zeit verstreichen lassen. Wenn Sie aber einige Minuten in Meditation verbringen, können die Zeiger der Uhr ihre Position verändern. Wenn Ihre Übungen sich verbessert haben, können Sie auch eine Uhr in einem anderen Zimmer visualisieren. Studenten haben damit experimentiert, bis sie jederzeit sofort die richtige Zeit sagen konnten, ohne auf einen Zeitmesser zu sehen.

Wenn Sie diese Übungen etwa zwei Wochen lang durchgeführt haben, können Sie mit einer spontanen Astralprojektion beginnen. Erwarten Sie aber am Anfang nicht zu viel und vor allem nicht die sofortige Kontrolle, wie sie ein indischer Mahatma hat. Wenn Sie aber immer dabei bleiben, werden Sie eines Abends, wenn Sie gerade einschlafen, bemerken, wie Sie aus Ihrem Körper »heraustreten«. Diese Erlebnisse treten häufig am späten Abend, kurz bevor das Bewusstsein abschaltet, und am frühen Morgen, kurz vor dem Erwachen, auf, da in diesen Zeiten der Zusammenhalt zwischen dem Astralkörper und dem physischen Leib am schwächsten ist. Vielleicht werden Sie auch in der Lage sein, den Raum vor sich mit geschlossenen Augen zu sehen, vor allem, wenn Sie meditieren oder Sie am Morgen gerade erwacht sind. Zu Anfang werden diese Erfahrungen nicht sehr ausgeprägt sein. Sie werden, wie Plato es ausdrückt, wie durch ein Glas und ziemlich dunkel sehen. Aber mit der Zeit werden Sie besser sehen können; und wenn Sie feststellen, dass Sie deutlicher sehen, selbst wenn die Erlebnisse noch spontan auftreten, dann sind Sie bereit für Ihren ersten Astralschritt.

Ihre ersten Ausflüge werden recht kurz sein. Das liegt daran, dass der Geist noch nicht so gut unter Kontrolle ist. Wenn Zweifel oder Ängste sich während einer Astralprojektion einschleichen, werden Sie sich sofort wieder in Ihrem Körper befinden und sich nicht mehr projizieren können. Sie müssen lernen, während der Projektion nichts, was geschieht, infrage zu stellen – es sei denn, es droht Ihnen von astralen Wesen eine echte Gefahr –, sonst wird Ihr Erlebnis zu einem abrupten Ende führen.

Eine Warnung: Es besteht die Möglichkeit – gering zwar, aber immerhin –, dass Sie während einer Astralreise jemanden treffen, dem Sie lieber aus dem Weg gingen. Ich neige zwar zu der Ansicht, dass man eher auf den Straßen einer Großstadt unter die Räuber fällt als beim Umherschlendern in der Astralebene, aber die Möglichkeit besteht immerhin. Einige Schriftsteller haben daraus sogar etwas höchst Bedrohliches gemacht. Ein Psychiater, früher bei der Menniger Clinic, wurde zitiert: »Der ständige Erforscher dieser Reiche ... lenkt die Aufmerksamkeit der dort beheimateten Wesen auf sich, die sich unter normalen Umständen wenig um die Menschen kümmern ... Sie sind von vielgestaltiger Art, und manche sind böse, grausam und verschlagen.«

Ich gebe dazu keinen Kommentar ab; ich habe allerdings durch meine eigenen Studien herausgefunden, dass manche Menschen eher zu schlechten Astralreisen neigen als andere. Wenn Sie noch keine Erfahrungen mit Astralprojektion hatten, dann wird Ihr Wahrnehmungsvermögen in einer Weise herausgefordert, die Sie sich nie hätten träumen lassen. Die Erfahrung ist sehr angenehm; wenn Sie allerdings einmal emotionelle Schwierigkeiten hatten, vor allem, wenn Sie schon einmal das Gefühl hatten, dass Ihnen die Realität etwas entgleitet, sollten Sie die Astralprojektion tunlichst meiden. Dieser Rat gilt auch, wenn Sie jemals zugelassen haben, von fremden Wesen besessen zu sein, sei es als Medium oder im Rahmen einer magischen Zeremonie, oder auch, wenn Sie Mitglied irgendeiner religiösen Sekte sind, die die Existenz von Dämonen oder dämonischer Besessenheit lehrt. Sollte keine dieser Gegebenheiten auf Sie zutreffen, dann dürften Sie eigentlich auf Ihren Astralreisen keine Schwierigkeiten haben.

Manche okkulten Schriftsteller haben eine »Gefahr« beschrieben, die ich für absoluten Unsinn halte: Die Möglichkeit, dass Ihre Silberschnur sich während der Projektion in irgendeiner Weise verschlingt oder abgetrennt wird und Sie deshalb nicht mehr in Ihren Körper zurückkehren können. Die Silberschnur ist eine Art astraler Rettungsanker, die den physischen Körper während der Projektion mit dem umherschweifenden Astralleib verbindet. Vor vielen hundert Jahren hat Plutarch sie erstmals erwähnt, und seitdem wurde sie von fortgeschrittenen Schülern gelegentlich gesehen. Ganz ohne Zweifel gibt es die Silberschnur wirklich, aber auf den meisten Reisen werden Sie sich ihrer gar nicht bewusst sein. Ich weiß auch nur von einer einzigen Person, die tatsächlich während einer Astralprojektion gestorben ist – ein junger Mann in New Jersey im Jahre 1972, der die Projektion mit höchst gefährlichen Experimenten wie dem Anhalten des Atems verband.

Wenn Sie nun die Projektion erfolgreich durchführen, werden Sie feststellen, wie leicht sie mit der Levitation verwechselt werden kann. Der Anfänger wird in der Projektion nicht weit reisen; ein Fortgeschrittener jedoch wird in einer Sekunde viele tausend Kilometer zurücklegen können. Der französische Rosenkreuzer-Adept Comte de Chazal soll in seiner Heimat auf der Insel Mauritius all die Gräuel der französischen Revolution miterlebt haben.

Viele erfahren eine Projektion und das Gefühl einer Levitation im Augenblick ihres Todes; dabei handelt es sich allerdings um eine Einbahnprojektion auf der Astralebene. Der Franzose Pieron beobachtete Sterbende und stellte fest, dass diese Art der »Levitation« eine häufige Empfindung war. In den meisten Fällen wird sie von Wohlgefühl begleitet, doch Pieron berichtet auch von einem Mädchen, das sich an die Eisenstangen seines Sterbebettes klammerte, offensichtlich in tödlichem Entsetzen vor etwas, das sie auf der Astralebene »sah«.

Wenn wir Dr. H. Spencer Lewis, dem verstorbenen »Feldherrn« der Rosenkreuzer (AMORC) Glauben schenken wollen, sind diese Erlebnisse nicht immer subjektiv. In seinem Buch »Rosicrucian Questions and Answers« (Rosenkreuzer Fragen und Antworten) erzählt uns Dr. Lewis, dass der ägyptische »Ketzerkönig« Echnaton auf dem Totenbett eine echte Levitation erlebte. Die weltliche Geschichte weiß über Echnatons Hinscheiden nichts zu berichten, aber Dr. Lewis beruft sich auf privilegierte Quellen und behauptet, dass man am Spätnachmittag eines Tages im Juni 1950 v.Chr. gesehen hat, wie Echnaton »sich einen Augenblick lang in die Luft erhob und gleich darauf zurücksank mit einem ›süßen Lächeln der Erleuchtung auf dem Antlitz‹«.

Okkultisten berufen sich auch auf die Astralprojektion, um die »Flugträume« vieler Menschen zu erklären. Die Theorie besagt, dass sich unser Astralleib jede Nacht im Schlaf erhebt und den physischen Körper verlässt. Da aber beim Durchschnittsmenschen keine Verbindung zwischen Schlafen und Wachen besteht, sind wir uns dieser Erlebnisse nicht bewusst. Nur in seltenen Fällen bringen wir eine Erinnerung an unsere astralen Erfahrungen in unser Wachbewusstsein, und das Ergebnis ist der Flugtraum.

In einem Artikel über Flugträume schreibt Havelock Ellis, dass der französische Maler Raffaeli oft solche Träume hatte und dann nach dem Erwachen immer versuchte zu fliegen. »Ich brauche wohl nicht hinzuzufügen«, sagte er, »dass es mir nie gelungen ist.«

Anderen allerdings schon. In demselben Artikel erwähnt Ellis eine französische Dame, die im hellwachen Zustand kurze Zeit in der Luft schweben konnte. Dieses Erlebnis passt in keine unserer »indirekten Kategorien«. Die Dame aus Frankreich benutzte keinen Stab; sie schlief nicht; sie projizierte nicht; und sie benutzte keine »Flugsalbe«. Mehr noch, sie steht damit nicht allein. Andere hatten dasselbe Erlebnis. Das bringt uns nun zu einem Problem, auf das zuerst von Andrew Lang in »Cock Lane and Common Sense« hingewiesen wurde. Nach Begutachtung einer Reihe von Berichten über Levitation stellte er die Frage:

»Wenn wir feststellen, dass wilde ›Biraarks‹ in Australien, Fakire in Indien, Heilige im mittelalterlichen Europa, der Butler eines Gentleman in Irland, Jungen in Somerset und Midlothian, ein junger Zulukrieger, Miss Nancy Wesley in Epworth im Jahre 1716 und Mr. Daniel Home in London in den Jahren 1856–70 in der Luft schwebend über das Gesetz der Schwerkraft triumphieren, wie können wir da die Übereinstimmung dieser Geschichten für offensichtlich lächerlich erklären?«

Dafür kann ich nur eine einzige Erklärung finden: Einige dieser Geschichten sind wahr.

– Kapitel 3 –

Ein Wort zur Sache

Wie ich schon im letzten Kapitel ausführte, verbindet das Buch »The Serpent Power« die Levitation mit dem *Anahat Chakra*. Das *Anahat Chakra* ist eines der sieben psychischen Zentren beziehungsweise Zentren psychischer Manifestation im menschlichen Körpersystem. Obgleich es sich bei der »Levitation«, die in »The Serpent Power« erwähnt wird, tatsächlich um eine Astralprojektion handelt, wird das *Anahat* Chakra auch in anderen Schriften mit der Levitation in Verbindung gebracht.

Eine dieser Schriften ist »Siva Samhita«, in der steht, dass drei Chakren mit der Levitation zu tun haben: das *Muladhra*, das *Anahat* und das *Ajna*. Das *Muladhra* befindet sich am unteren Ende der Wirbelsäule und das *Ajna* zwischen den Augenbrauen, während das *Anahat* in der Brust neben dem Herzen zu suchen ist.

Hellsichtige erkennen die Chakras als wirbelnde Kreise reiner Energie. In der Tat bedeutet das Wort »Chakra«

wörtlich »Rad«. Sie sind Zentren, in denen bestimmte verborgene Energien im menschlichen Körper zusammengezogen und konzentriert werden. Wenn diese Chakras in der richtigen Art und Weise geweckt werden, kann dies zu außerordentlichen Ergebnissen führen.

Eine der Techniken für das richtige Wecken der Chakras ist Gesang. In dem Buch »The Tarot« sagt Mouni Sadhu von den Fakiren, dass manche »in der Lage waren, sich nur durch die Anwendung eines bestimmten Klanges für eine Weile in die Luft zu erheben, während sie unter besonderer nervlicher Anspannung standen. Mit anderen Worten, die Tatsache der Beeinflussung von Materie durch die Kraft der Nerven, welche unter Okkultisten wohl bekannt ist, kommt hier zur Wirkung«.

Die »bestimmten Klänge«, auf die Mouni Sadhu sich bezieht, nennt man *Mantras.* Das ist ein Sanskritwort und heißt, nach Bloomfield, »Werkzeug des Gedankens«. Die Ägypter nannten sie *Hekau*, die »Worte der Macht«.

Lenormant stellt die Vermutung an, dass die alten Ägypter mithilfe dieser Hekau die großen Steinblöcke der Pyramiden an ihren Platz »levitierten«. Er weist darauf hin, dass man mit dem in alter Zeit (oder auch in unserer Zeit) vorhandenen Gerät unmöglich diese Blöcke von den entfernten Steinbrüchen zu den Bauplätzen der Pyramiden innerhalb einer annehmbaren

Zeitspanne hätte transportieren und so genau platzieren können – es sei denn, es wären geheime Kräfte am Werk gewesen.

Die Ägypter glaubten, die *Hekau* seien die geheimen Namen mächtiger Gottheiten. Die weltlichen Namen der Götter waren allen bekannt, doch ihre geheimen Namen kannten nur die Eingeweihten. Man glaubte, mithilfe dieser geheimen Namen könne man diese Gottheiten bannen und zwingen, dem Magier zu Willen zu sein. Origenes berichtet von einer unteren Stufe ägyptischer Magie, die sich auf die Namen von Dämonen gründete. Eine ähnliche Theorie, allerdings auf der Grundlage von Namen von Engeln statt von Gottheiten, fand Eingang in die magischen Überlieferungen der Kabbala.

Teilweise stellte sich heraus, dass die wirksamsten Namen die allgemein bekannten waren, und es war bei schwerer Strafe verboten, den Namen einer solchen Gottheit gedankenlos laut auszusprechen. Einer davon war »Amen«, der Name des Sonnengottes von Theben, den die thebanischen Priester laut sangen, um den Gott erscheinen zu lassen. Plutarch sagt in Isis und Osiris:

»Wenn sie den höchsten Gott anrufen, der für sie dem Universum gleich ist, als sei er unsichtbar und verborgen, und ihn anflehen, sich ihnen zu zeigen, gebrauchen sie das Wort ›Amen‹.«

Gleiches gilt für die Segnungen, die aus den Mantras kommen. Nun wird dieses Wort – Amen – in der christlichen Liturgie verwendet; doch der Sonnengott taucht nicht darin auf. Woher kommt das?

Yogis sagen, das käme daher, dass das Wort nicht richtig intoniert werde. Die erste Silbe von Amen solle AUM ausgesprochen werden, sodass das ganze Wort AUM-EN hieße. Im Allgemeinen aber wird es ja AH-MEN ausgesprochen. Aus der ersten Silbe jedoch bezieht das Wort seine geheime Macht. AUM kennt man im Osten wie im Westen als ein machtvolles Mantra.

Wenn das Wort AUM laut gesungen wird, regt es das *Ajna Chakra* an, das sich zwischen den Augenbrauen befindet und in der Hindutradition ein Organ der inneren Sicht ist. Man nennt es das »dritte Auge« oder »das Auge Schiwas«.

Aus diesem Grund waren die ägyptischen Priester in der Lage, sichtbare Manifestation aus der Intonierung des AUM zu erhalten. Es bestehen Zweifel, ob es den Gott Amen (vielleicht war damit Amen = Gott gemeint) je gegeben hat; aber durch die Öffnung des dritten Auges haben die Priester vielleicht helles weißes Licht oder Visionen von himmlischen Wesen gesehen.

In der Hindutradition stehen die drei Buchstaben A, U und M für die Dreieinigkeit der Hindu: Brahma, Vishnu und Shiva. Sie stellen auch die drei Realitäten der Zeit dar: Vergangenheit, Gegenwart und Zukunft, und die drei Bewusstseinszustände: Wachheit, Traum und Schlaf. AUM ist das unausdrückbare Absolute, das letzte Wort, das im Mystizismus gesprochen wird, und nach dem nur noch Schweigen herrscht.

Es ist auch das verlorene Wort, oder, in einer Umschreibung aus dem Sepher Yezirah, »das klare Wort der kreativen Kraft« – der Logos, das Wort, das die Welten erschaffen hat. Von fortgeschrittenen Yogis sagt man, sie hören den Klang des AUM psychisch; das bedeutet für sie, dass es der ganzen Schöpfung zugrunde liegt.

Die drei Klänge des AUM, das A, das U und das M, bilden zusammen alle Klänge, die die menschliche Stimme hervorbringen kann. Das A entsteht in der Kehle; das M wird mit den Lippen geformt, während, laut Swami Vivekananda, das U »das Vorwärtsrollen des Impulses ist, der an der Zungenwurzel entsteht und bei den Lippen endet«. Jedes Geräusch der Natur ist darin enthalten, und es wird gesagt, dass alle Vögel und Tiere diesen Laut verstehen.

Letzteres habe ich einmal bei meiner Katze ausprobiert. Gewöhnlich kümmert sie sich nicht um mein Geschimpfe, aber als ich das Wort AUM aussprach, leise doch bestimmt, versteckte sie sich eilends unter dem

Bett. Ich denke, ihr fehlt wohl der rechte mystische Geist. Wahrscheinlich will sie auf dem mystischen Weg nicht weiterkommen.

Korrekterweise wird im Sanskrit das AU als Diphtong betrachtet und als einziger Laut ausgesprochen. Aber alle Zuständigen sind sich darin einig, wenn man das Mantra AUM intoniert, dann einzeln als A, U und M. So machen wir zunächst AHH, dann gehen wir allmählich zum OOO und verklingen schließlich mit dem MMM. Jeder dieser Klänge hat für sich allein schon Macht; aber die größtmögliche Wirksamkeit wird erreicht durch die Kombination, und zwar in der richtigen Reihenfolge.

Mantras kann man auch im Geist singen, womit wir zu einer anderen Strömung innerhalb der gleichen Tradition kommen.

Es ist schwer zu sagen, wie alt der geistige Gesang ist. In einer mittelalterlichen Schrift namens »The Cloud of Unknowing« (Der Schleier der Unwissenheit) wird eine geistige Technik beschrieben; es darf aber bezweifelt werden, dass der geistige Gesang in Europa vor dem dreizehnten Jahrhundert weit verbreitet war. Diese Technik hat jedoch einige herausragende Vorteile, und anscheinend ist es egal, welches Wort man als Mantra benutzt.

Der englische Dichter Lord Tennyson wandte diese Technik an, wobei er seinen eigenen Namen als Mantra benutzte. In einem Brief an B.P. Blood, zitiert von William James, schreibt er:

»Seit meiner Kindheit bin ich eigentlich häufig, wenn ich für mich alleine bin, in einer Art Wachtrance – ein anderes Wort fällt mir hierfür nicht ein. Diese trat ein, nachdem ich im Stillen immer meinen Namen wiederholte, bis unvermittelt, als käme es aus der Intensität des Individualitäs-Bewusstseins, sich die Individualität selbst aufzulösen und in grenzenloses Sein aufzugehen schien. Es war dies kein verwirrender Zustand, sondern der klarste, der absolut sicherste Zustand, jenseits aller Worte – wo der Tod nur noch eine fast lächerliche Unmöglichkeit darstellte –, und der Verlust der Persönlichkeit (wenn es das denn war) schien keine Auslöschung, sondern das einzig wahre Leben. Ich schäme mich für diese meine schwache Beschreibung. Aber sagte ich nicht, dies sei vollkommen jenseits aller Worte?«

Es ist wahrhaftig völlig jenseits aller Worte, doch Tennyson versuchte ungebrochen noch einmal, diesen Zustand zu beschreiben, diesmal in einem Gedicht.

In seinem Buch »Die Kraft des positiven Denkens« nennt Dr. Norman Vincent Peale dies die »Technik suggestiver Artikulation« und gibt selbst einen Rat für die Durchführung: »Wiederholen Sie hörbar einige friedvolle Worte«, schreibt er. »Worte mit tiefer suggestiver Kraft ...

Verwenden Sie Worte wie ›Ruhe‹. Wiederholen Sie diese Worte langsam einige Male. Bereits der Klang dieses Wortes trägt seine Bedeutung und Wirkung in sich, und so bringt schon allein das Aussprechen oft den Zustand der Beruhigung mit sich.«[2]

Ich selbst habe das Vormichhinsagen des Wortes »Frieden« für recht effektiv befunden. Dieses Wort hat die richtigen Schwingungen für ein gutes Mantra – beruhigend und friedlich –, und der Grundgedanke, den das Wort darstellt, beschreibt perfekt den meditativen Zustand, den das Singen des Mantras herbeiführen soll.

Wer sich in der Meditationsszene auskennt, weiß wahrscheinlich, dass das Singen des Mantras auch die Grundlage für die Transzendentale Meditation bildet, wie sie vom Maharishi Mahesh Yogi gelehrt wird. Wie die schon zuvor erwähnten Autoren lehrt der Maharishi Mahesh Yogi seine Schüler, ein Mantra immer wieder zu wiederholen, bis sie den Zustand der Meditation erreicht haben.

Allerdings gibt es einen Unterschied zwischen der Transzendentalen Meditation und den zuvor beschriebenen Meditationstechniken. Laut den TM-Lehrern muss man das richtige Mantra haben. In seiner Schrift »Meditations« erklärt der Maharishi, dass Mantras nur dann von echtem Wert sind, wenn »die Eigenschaften der Energieimpulse, die durch den Klang des Mantras entstehen, genau den Energieimpulsen des jeweiligen Menschen entsprechen ... Die Wahl eines falschen Mantras bringt mit Sicherheit die Harmonie im Leben des Menschen aus dem Gleichgewicht.«[3]

Diese Ansicht wird auch von Maharishis Jüngern weitergegeben. In »TM: Discovering Inner Energy and Overcoming Stress« (Entdeckung der inneren Energie und Überwindung von Streß) lesen wir: »Die Gefahr, die vom Gebrauch eines Mantras mit unbekannter Wirkung ausgeht, wird in vielen Berichten von Leuten, die sinnlose Silben, wohlklingende Laute oder Worte mit angenehmer Bedeutung verwendeten, übertrieben. In jedem Falle brachte die Meditation mit diesen Mantras weniger Nutzen als die richtige Anwendung der TM-Technik.«

Einer der Autoren, Dr. Harold Bloomfield, sagt uns in seinem Buch »Happiness« (Glück), dass »ein Mensch sein Mantra in seinem Leben viele tausendmal denkt und damit eine ganze Reihe von Änderungen auslöst. Es wäre töricht und gefährlich, würde man die Notwendigkeit eines Mantras, das lediglich lebenserhaltende Effekte hervorbringt, außer Acht lassen.«

TM-Lernende erhalten bei ihrer Einführung ein Mantra; es ist allerdings nicht leicht, jemanden dazu zu bewegen, sein Mantra zu verraten, weil man glaubt, es verliere dann seine Kraft. Ein TM-Lehrer erklärte mir, wenn er sein Mantra laut ausspräche, würde es sich im Universum auflösen und unwirksam werden. Ein anderer erklärte, das Mantra gelange vom »inneren Bewusstsein« ins »äußere Bewusstsein« und verliere damit seine Kraft.

Ich neige eher dazu, die Richtigkeit dieser Theorien anzuzweifeln – ebenso scheinbar einige Meditierende. In einem Artikel im »Atlantic« sowie in seinem Buch »Powers of Mind« (Kräfte des Geistes) enthüllt Adam Smith sein Mantra – SHIAM. Drei weitere TM-Mantras finden sich in der Ausgabe vom November 1975 des »Time Magazine – SHERIM, IMA und INGA«. William Whalen fügt in der U.S. Catholic zwei weitere hinzu: RAM KIRIM und SHRI RAM. Damit wurden in landesweiten Publikationen mindestens sechs TM-Mantras veröffentlicht. In anderen Quellen finden sich noch weitere, allerdings von zweifelhafterer Glaubwürdigkeit.

Doch selbst wenn Sie wissen, was ein Mantra ist, dürfte diese Information nutzlos sein, wenn Sie nicht wissen, auf welche Weise es ausgewählt wird. Nicht jeder TM-Meditierende bekommt dasselbe Mantra. Die Lehrer erläutern, dass der Vorgang ganz persönlich sei und jeder Meditierende zum Zeitpunkt seiner Einführung ein Mantra erhalte, das speziell für ihn ausgewählt worden sei.

Doch wie das genau funktioniert, werden die meisten Lehrer nicht erzählen. Lawrence Domash spielt etwas unklar an auf »eine Reihe von sachlichen Regeln, zu deren Anwendung [der Lehrer] gehalten ist«, und auch sein Chef drückt sich nicht viel klarer aus. In einem Interview mit dem »Life Magazine« sagt Maharishi, dass »ein fähiger Lehrer [Mantras] leicht [auswählen] kann, indem er Fragen über die Gesundheit, die Empfindungen, die Bildung, den Beruf und den Familienstand der betreffenden Person stellt.«

Hier und da gibt es Andeutungen, dass der Vorgang recht schwierig sein dürfte. In seinen »Meditations« sagt Maharishi, dass »es Tausende von Mantras gibt, alle mit ihrem besonderen Wert, ihren besonderen Eigenschaften und passend für einen bestimmten Menschentyp«.[4] Dr. Benson, Autor des Buches »The Relaxation Response« (Entspannung als Antwort), bemerkt, dass ein nicht zur TM gehörendes Mantra wahrscheinlich ebenso wirksam ist.

»Wir halten es nicht für notwendig, die spezielle Methode mit dem speziellen geheimen Klang anzuwenden, die die Transzendentale Meditation lehrt«, schreibt Dr. Benson. »Tests im Thorndike Memorial Laboratory in Harvard haben ergeben, dass eine ähnliche Technik mit irgendeinem Klang oder einem Satz oder auch Mantra dieselben physischen Veränderungen hervorbringt, die man während der Transzendentalen Meditation festgestellt hat.«

Eine dieser physischen Veränderungen besteht in einem Gefühl höchster körperlicher Leichtigkeit oder gar Gewichtslosigkeit, dem ersten Stadium der Levitation.

Um die Jahrhundertwende interessierte sich ein Psychologe namens Lydiard H. Horton sehr für diesen Effekt und versuchte, ihn bei verschiedenen Versuchspersonen ohne Meditationsübung hervorzurufen. Man brachte diesen Personen eine einfache Entspannungstechnik bei, die zwar nicht so kraftvoll war wie das geistige Singen eines Mantras, doch die Resultate waren bemerkenswert:

»Eine [der Personen] sprang aus dem Stuhl hoch«, schrieb Horton, »und hatte Angst davor, das Experiment fortzusetzen, so realistisch war seine Wahrnehmung einer nach oben ziehenden Bewegung gewesen.

Eine andere, diesmal eine Frau, griff nach dem Stuhl in dem momentanen Glauben, sie schwebe davon; zwei andere berichteten, dass sie sich ›wie von einer Welle davongetragen‹ fühlten.

Wieder ein anderer genoss dieses Gefühl so sehr, dass er es als selbstverständlich hinnahm. Ein weiterer berichtete, wenn sein Kopf so leicht gewesen wäre wie sein Körper, so wäre er davongeschwebt. Er bezeichnete sich selbst als ›einfach davonschwebend‹, und dieses Gefühl sei überwältigend real gewesen.«

In dem Buch »The Secret of the Golden Flower« (Das Geheimnis der Goldenen Blume), in der Übersetzung von Richard Wilhelm, wird diese Erfahrung in der typisch orientalischen Sprache beschrieben: »Wenn man in der Meditation sitzt, wird der physische Körper durchscheinend wie Seide oder Jade. Es ist anscheinend schwer, sitzen zu bleiben; man hat das Gefühl, nach oben gezogen zu werden.«

Horton charakterisiert diese Erfahrung als »die Illusion einer Levitation«, aber »The Secret of the Golden Flower« ist hier anderer Ansicht. Im Text heißt es: »Zur rechten Zeit kann man dies so stark erleben, dass man wirklich nach oben schwebt.«

Um das zu erreichen, wählen Sie sich ein Mantra aus, Ihren Vornamen oder Ihren Nachnamen oder auch ein TM-Mantra oder sonst irgendetwas. Es ist eigentlich egal, was Sie sich aussuchen; allerdings empfehle ich Ihnen nicht, das AUM oder OM zu nehmen. Dies ist zwar ein hervorragendes Mantra, doch für gewöhnlich wird es etwas anders intoniert, als wir es mit unserem Mantra machen, und ich nehme an, es ist nicht gut, die Techniken untereinander zu mischen.

Ebenfalls empfehle ich Ihnen, keine Worte mit negativer Bedeutung zu wählen. Wenn Sie sich für das Wort »Frieden« entscheiden, ist das in Ordnung; aber verwenden Sie keine Wörter wie »Töten« oder »Krieg«. Üblicherweise bestehen Mantras aus einer oder höchstens zwei Silben, aber wenn Sie wollen, steht es Ihnen frei, Wörter mit noch mehr Silben zu wählen. Schließlich war Tennysons Mantra »Tennyson« auch dreisilbig. Bitte suchen Sie sich aber kein Wort aus, das Ihren ganzen Intellekt benötigt, damit Sie es überhaupt aussprechen können.

Jetzt zur Position. Später werden wir uns mit ein paar Yoga-Asanas befassen; aber fürs Erste setzen Sie sich aufrecht in einen Stuhl mit gerader Lehne und leicht gepolsterter Sitzfläche, aber ohne Polster im Rücken. Setzen Sie die Beine etwas auseinander und etwa dreißig Zentimeter vor sich. Die Hände legen Sie mit den Handflächen nach unten auf die Knie. Atmen Sie tief ein, und beim Ausatmen schließen Sie die Augen und entspannen sich. In dieser entspannten Haltung verbleiben Sie etwa eine bis eineinhalb Minuten mit geschlossenen Augen. Dann beginnen Sie, langsam Ihr Mantra zu wiederholen. Nach etwa zehn bis fünfzehn Minuten sind Sie schon fertig!

Öffnen Sie anschließend die Augen nicht sofort. Hören Sie ein paar Augenblicke auf, an das Mantra zu denken, dann strecken Sie die Arme, als würden Sie nach einer langen Fahrt aus dem Zug steigen. Lassen Sie

Ihrem Körper die Möglichkeit, aus dem ruhigeren Stadium des Bewusstseins in die Aktivität zurückzufinden – sonst könnte es leicht zu Kopfschmerzen führen. Machen Sie sich keine Sorgen, wenn Sie nach der Meditation die Augen nicht gleich aufbekommen. Das ist eine ganz natürliche Reaktion und bedeutet nur, dass Sie noch nicht ganz zur Rückkehr in den aktiven Bewusstseinszustand bereit sind. Strecken Sie sich noch ein paar Mal und atmen Sie einige Male tief durch, bevor Sie wieder zu Ihrer normalen Tagesroutine zurückkehren. Bitte denken Sie daran, es handelt sich bei dem, was Sie hier tun, nicht um Hypnose. Es besteht kein Grund zur Furcht, Sie könnten sich in der Meditation verlieren, wie manche Menschen glauben, oder Sie könnten einem fremden Willen unterworfen werden, oder andere merkwürdige Dinge, auf die einige Leute hin und wieder kommen, könnten eintreten. Dies ist eine ganz natürliche Technik und außerordentlich wohltuend. Wenn Sie an Allergien, Bluthochdruck, Migräne oder anderen stressbedingten Krankheiten leiden, wird Ihnen diese Technik Erleichterung verschaffen. Die Meditationstechnik ist nach dem Essen oder vor dem Zubettgehen nicht sehr empfehlenswert. Die beste Zeit dafür ist der Morgen, bevor Sie Ihre Tagesroutine beginnen. Auf diese Weise ziehen Sie den ganzen Tag Nutzen aus der Meditation.

Wenn Sie die Technik richtig anwenden, werden Sie bald die beschriebene Gewichtslosigkeit spüren. Sie werden vielleicht empfinden, dass Ihr Körper kein Gewicht mehr hat, oder dass Sie am Davonschweben sind. Manche haben das Gefühl, sie hingen ein Stück in der Luft.

Wenn Sie dieses Gefühl haben, das bei erfahrenen Meditierenden nicht ungewöhnlich ist, dann stellen Sie sich vor, Ihr rechter Arm bestünde aus einem Wattebausch. Bitte strengen Sie sich dabei nicht an, denn geistige Anstrengung stört den Vorgang der Meditation. Beginnen Sie einfach mit Ihrem Mantra, und wenn Sie die Gewichtslosigkeit spüren, dann stellen Sie sich vor, dass Ihr rechter Arm ganz leicht ist, dass er nicht mehr aus Fleisch und Blut besteht, sondern nur noch aus Watte. Stellen Sie sich weiter vor, an Ihrem Arm sei ein mit Wasserstoff gefüllter Luftballon befestigt, der Ihren Arm in die Höhe zieht. Man nennt diese Technik »Handlevitation«; sie ist wertvoll, denn daraus können Sie ersehen, wie einfach Sie spätere Übungen meistern werden, weil sie die Trance, die das geistige Singen des Mantras herbeiführt, noch vertieft. Jemand, der das ausprobiert hat, schrieb darüber:

»Die Hand schwebte empor, und zwar ohne die geringste Anstrengung von meiner Seite. Dieses Erlebnis war so merkwürdig, dass mein Bewusstsein von meiner

Umgebung völlig abgezogen wurde. Meine schwebende Hand beeindruckte mich derart, dass mein Geist frei war von alltäglichen Belangen.«

Menschen mit einer besonderen Begabung für Handlevitation erreichen diese bereits nach einer Konzentrationszeit von nur einer halben Minute. Ich warne Sie jedoch davor, zur Erzielung von Ergebnissen die Hand zu heben. Die Hand soll sich einfach von allein erheben. Später wollen wir das mit dem ganzen Körper versuchen.

– Kapitel 4 –

Astralenergien

Einer der ersten Levitierenden der Geschichte war
ein Magier aus Samaria namens Simon der Zau-
berer. Er war der Erbe einer okkulten Schule, die ein anderer
Samarier namens Dositheus gegründet hatte. In mancher
Hinsicht war er auch der geistige Vater von P.T. Barnum.

Er liebte den öffentlichen Auftritt. In seinem präch-
tigen orientalischen Kopfputz und den wehenden Gewändern streifte er durch die Straßen des antiken Samaria
und stellte sich als Gott und seine Freundin, in Wirklichkeit
eine ehemalige Prostituierte, die er in Tyrus kennengelernt
hatte, als die Reinkarnation der Helena von Troja vor.

Er konnte sich meisterhaft in Szene setzen, und hätte
er ein Jahrhundert früher gelebt, dann wäre sein Leben
ohne Streitigkeiten verlaufen. Aber man schrieb das erste
Jahrhundert unserer Zeitrechnung. Das Christentum
begann sich auszubreiten, und man nahm an Simons
Selbstverherrlichung Anstoß. Simon wurde in langwierige
theologische Debatten verwickelt, die sich im Original

sehr langweilig lesen. Sie endeten auch so, wie theologische Debatten meist enden: ergebnislos.

Da beschloss Simon, die Auseinandersetzung auf eine andere Ebene zu verlagern und ein paar Wunder zu vollbringen. Er überlegte ganz richtig, dass die Massen ein Wunder wesentlich besser verstünden als theologische Theorien.

So reiste er nach Rom, in der Hoffnung, dort Gehör beim Kaiser zu finden. Gleich nach seiner Ankunft dort versammelte er auch eine große Menge um sich und sprach:

»Morgen, um die siebte Stunde, werdet ihr mich über das Stadttor fliegen sehen, und zwar so, wie ihr mich jetzt hier zu euch reden seht.«

Damit ging er. Nun gab es in Rom natürlich viele Zerstreuungen, aber so etwas war unvergleichlich. Um die siebte Stunde am nächsten Morgen waren also zahlreiche Schaulustige zusammengekommen. Was danach geschah, steht in den apokryphischen Apostelgeschichten des Petrus:

»Mit einem Mal sah man Staub fern am Himmel, wie Rauch, leuchtend, und Strahlen erstreckten sich weithin. Und als er sich dem Tor näherte, war er plötzlich nicht mehr zu sehen; danach erschien er wieder und stand mitten unter dem Volk.«

Nach anderen Erzählungen erhob er sich von einer Tribüne oder in Roms großem Amphitheater. In einem jedoch stimmen sie alle überein: eine Levitation wurde vorgeführt. In einer seiner Schriften erzählt uns Simon auch, wie er das bewerkstelligt hat.

Nach Simons Tod wurden seine Schriften von einer Gruppe geheimer Jünger, den Simonianern, bewahrt. Die meisten der Schriften befassen sich mit Simons speziellen Theorien von der Entstehung der Welt, einige jedoch mit praktischem Okkultismus. Das Manuskript, in dem das Geheimnis der Levitation beschrieben wird, wurde im vierzehnten Jahrhundert von dem Alchemisten Malchus übersetzt.

Ich möchte vorausschicken, dass in dem nachfolgenden Text das Geheimnis der Levitation beschrieben wird, jedoch unklar. Es ist, wie die Mystiker sagen, »von innen und außen« geschrieben. Es verbirgt mehr, als es enthüllt. Doch mithilfe östlicher Quellen können wir ihm das meiste seiner Bedeutung entreißen:

»Simon«, so der Text, »legte sich mit dem Gesicht auf den Boden und flüsterte ihr ins Ohr: ›O Mutter Erde, gib mir, ich bitte dich, von deinem Atem, und ich gebe dir von meinem Atem; lasse mich los, o Mutter, damit ich die Worte zu den Sternen tragen kann, und nach einer Zeit werde ich treu zu dir zurückkehren.‹ Und die Erde, ihren Status stärkend, nicht zu ihrem Schaden, sandte ihren Genius, um Simon ihren Atem einzuhauchen, während er ihr den seinen einhauchte; und die Sterne freuten sich, dass die Große Macht sie besuchte.« [5]

Ein merkwürdiger Abschnitt. Doch wiederholt werden der Atem und das Atmen erwähnt – das ist wieder nicht so merkwürdig. Im Fernen Osten sagt Swami Vivekananda, »es gibt ganze Sekten, die versuchen, ihren Körper gewichtslos zu machen, indem sie den Atem zurückhalten. Dann erheben sie sich in die Luft.« Die Atemkontrolle für okkulte Zwecke ist die Grundlage einer ganzen Wissenschaft, dem *Pranayama*, und die Levitation ist nur einer der Vorteile, die daraus entstehen sollen.

Nach Professor Harry Kellar wenden in der Tat manche Fakire in Indien die gleiche Technik an wie Simon: Sie legen sich mit dem Gesicht auf den Boden, hauchen ihren Atem in die Erde und erhalten selbst den Atem der Erde.

»In Indien habe ich gehört, dass die Fakire in der Luft gehen«, schrieb Professor Kellar, »ich war selbst jedoch nie Augenzeuge eines solches Kunststückes. Die Erzählungen darüber habe ich aus zweiter oder dritter Hand erhalten; sie berichteten, dass der Magier sich flach mit dem Gesicht auf den Boden legte, etwa eine oder eineinhalb Minuten, dann erhob er sich. Er presste die Arme fest an den Körper, schritt vorwärts und aufwärts, als ginge er auf einer Treppe aus Luft und schritt hinauf in eine Höhe von einigen hundert Metern.«

Aus seinen Zeilen scheint Pope zu sprechen: »Er besteigt den Sturm, und er schreitet auf dem Wind.« Pope jedoch war Dichter; er hatte keine Erklärung für Levitation, wohl aber Professor Kellar:

»Mein Informant sagte, er glaube, sie (= Levitation) sei möglich mit Hilfe okkulten Wissens über elektrische Ströme. Diese Fakire seien in der Lage, die Eigenschaft des elektrischen Stromes, mit dem ihr Körper geladen ist, willkürlich von Negativ nach Positiv zu verändern, oder umgekehrt, indem sie elektrische Einflüsse der Erde einatmen, die die Schwerkraft aufheben können.«

Im Fernen Osten ist dies die Erklärung der Levitation schlechthin. Es gibt auch noch andere, wie wir sehen werden, aber die zuvor erwähnte ist die beliebteste. In Madame Blavatskys »Die entschleierte Isis« wird die Theorie noch etwas genauer beschrieben:

Der Ausgangspunkt ist hier das elektro-chemische Prinzip, dass gleichpolig geladene Körper einander abstoßen, während ungleichpolig geladene Körper sich anziehen. Die Chemie, so sagt Professor Cooke, zeigt, dass Radikale mit gegenpoliger Ladung sich rasch aneinanderbinden, während zwei Metalle oder zwei eng verwandte Nichtmetalle nur wenig Neigung zur Anziehung zeigen.

Die Erde ist ein magnetischer Körper; in der Tat ist sie ein einziger großer Magnet, wie schon Paracelsus vor dreihundert Jahren bestätigt hat. Sie ist mit einer Form der Elektrizität geladen – nennen wir sie einmal positiv –, die aus spontaner Aktivität in ihrem Inneren entsteht. Der menschliche Körper, wie auch andere Formen von Materie, sind mit der anderen Energieform – der negativen – geladen. Was ist nun Gewicht? Ganz einfach: »die Anziehung durch die Erde. Ohne die Anziehungskraft der Erde hätten wir kein Gewicht, erklärt Professor Stewart. Wie können wir diese Anziehung überwinden? Der Zustand unseres physischen Systems, sagen theurgische Philosophen, hängt von der Tätigkeit unseres Willens ab. Unter guter Anleitung kann er Wunder vollbringen, unter anderen einen Wechsel der elektrischen Polarität von negativ nach positiv. Der Mensch würde dann vom Magneten Erde abgestoßen werden, und die Schwerkraft würde für ihn aufhören zu existieren. Es wäre für ihn ganz normal, in die Luft hinaufzueilen, bis die Abstoßungskraft sich selbst erschöpft hat, wie es zuvor für ihn normal war, dem Erdboden verhaftet zu sein. Die Höhe der Levitation würde gemessen an seiner Fähigkeit, seinen Körper mit positiver Elektrizität aufzuladen. Wenn diese Steuerung erst einmal erreicht ist, wäre die Änderung seiner Leichtkraft oder Schwerkraft so einfach wie das Atmen.« [6]

Im wahrsten Sinne des Wortes so einfach wie das Atmen ist es, weil, wie bereits erwähnt, diese Änderung der Polarität durch eine spezielle Atemtechnik herbeigeführt werden kann. Die elektrische Energie der Luft, von der Madame Blavatsky spricht, heißt bei den Yogis *Prana* – daher auch der Name *Pranayama* für die Wissenschaft von der Beherrschung des *Prana*. Madama Blavatsky glaubte sogar, dass Vögel und Fische durch eine Art instinktive *Pranayamas* in ihre jeweiligen Lebensbereiche gelangen. In der Ausgabe des Theosophist vom August 1882 beantwortete sie die Fragen eines Bewunderers aus Salt Lake City, Utah, folgendermaßen:

»Bei Vögeln und Tieren [ist es] ein ebenso instinktiver mechanischer Vorgang wie alle ihre anderen Handlungen; wenn der Mensch den vertrauten Umständen der Schwerkraft trotzt, handelt es sich um etwas, das er in seinem Training als Yogi erwerben kann. Obwohl im ersten Fall unbewusst, im zweiten Fall [vom Yogi] willkürlich die Polarität geändert wird, wirkt die gleiche Ursache, und in beiden Fällen wird die gleiche Wirkung erzielt. Sicher ändert sich der Polaritätswechsel im Vogel, während er aufsteigt oder sinkt, und im Gleiten bei gleichbleibender Höhe bleibt die Polarität auch gleich.«[7]

An anderer Stelle in »Die entschleierte Isis« kommt Madame Blavatsky noch einmal auf das gleiche Thema zurück. »Die Levitation des Adepten«, schildert sie, »ist ein elektro-magnetischer Effekt. Er hat seine Polarität gegenpolig zu der der Atmosphäre eingestellt beziehungsweise gleichpolig mit der Erde; die Atmosphäre zieht ihn also an, während sein Bewusstsein zurückgehalten wird.« [8]

Die Naturwissenschaft erkennt drei Zustände der Materie an, die okkulte Wissenschaft jedoch sieben. Wasserstoff ist nichts anderes als ein Gas, im Sinne der allgemeingültigen Chemie also der dritte Zustand der Materie. Könnte man dasselbe Element, nämlich Wasserstoff, in der Atmosphäre im vierten Aggregatzustand entdecken statt im dritten, dann wäre dies natürlich tausendmal dünner. Angenommen, man könnte dann diesen vierten Zustand des Wasserstoffs in das menschliche Körpersystem aufnehmen, und zwar durch *Pranayama*, und es dort behalten, dann gäbe es keinen Grund, weshalb der Körper nicht wie ein wasserstoffgefüllter Luftballon in die Luft steigen sollte.

Es gibt jedoch noch eine andere Möglichkeit, die unsere Aufmerksamkeit verdient: Wir nehmen nicht wirklich ein Gas in uns auf, das tausendmal dünner als Wasserstoff ist, sondern wir nehmen die Atmosphäre um uns herum auf eine bestimmte Weise in uns auf, die denselben Effekt hervorruft.

Ein Heißluftballon steigt in die Luft aufgrund der Tatsache, dass die heiße Luft dünner ist als die sie umgebende kalte Luft. Heiße Luft steigt auf und trägt dabei den Ballon mit sich. Der Mensch ist von einem Energiefeld umgeben – die Okkultisten nennen es die menschliche Aura. Angenommen – das ist jetzt reine Spekulation –, diese Aura könnte auf irgendeine Weise in ihrer Beschaffenheit verändert oder verstärkt werden, sodass die Dichte der umgebenden Luft sich ändert, dann wäre der Adept von einem unsichtbaren Ballon mit dem Ausmaß seiner Aura-Ausstrahlung umgeben, innerhalb der die Luft dünner wäre als außerhalb. Unter diesen Bedingungen wäre es durchaus möglich, dass der Adept sich in die Luft erheben würde samt seiner Aura und dem unsichtbaren Ballon, den diese Aura schafft. Er stiege in die Luft genauso wie sich ein Schwimmer mit den Lungen voller Luft im Wasser nach oben bewegt. Daran wäre nichts Ungewöhnliches, es wäre nur eine einfache Frage des Auftriebs.

»*Prana* bedeutet Kraft«, schreibt Vivekananda, »alles, was sich als Bewegung, als mögliche Bewegung, als Kraft oder Anziehung manifestiert ... Elektrizität, Magnetismus, alle Bewegungen im Körper und alle Bewegungen im Geist – all das sind verschiedene Manifestationen der einen einzigen Gegebenheit *Prana*.«

Einige Seiten weiter erweitert der Swami diese Definition etwas. Er sagt, »*Prana* ist Schwerkraft«, und damit verbinden wir die Levitation.

Nach der westlichen Physik, wie sie Sir Isaac Newton begründet hat, ist an dem Vorgang des in die Luft Erhebens, wodurch auch immer, Energie beteiligt; und in der Tat werden wir dabei auch in einen höheren Energiezustand versetzt. Wenn wir zu Boden fallen, gelangen wir lediglich, nach Newton, von einem höheren Energiezustand in einen niedrigeren. Daher ist auch nichts Absurdes an der Vorstellung, dass wir uns durch Aufnahme von Energie, in welcher Form auch immer, mit nichtmechanischen Mitteln in die Luft erheben können.

Die meisten Menschen, die sich nicht mit Newtons Theorien befasst haben, verfügen nur über recht verschwommene Vorstellungen darüber, was man unter dem Wort Energie überhaupt zu verstehen habe. Wenn wir aber deutlich sehen wollen, wie Newtons Ideen und die Levitation zusammengehören und die Verbindungen zwischen *Prana* und Levitation erklären, müssen wir uns eine sehr klare Vorstellung davon machen. In Newtons Mechanik bedeutet Energie nichts anderes als eine Kraft, die über eine Strecke wirkt.

Nehmen wir einmal an, Sie wachen frühmorgens auf und stellen fest, dass Ihr Auto nicht anspringt. Sie beschließen also, es zur nächsten Werkstatt zu schieben. Wenn Sie nun eine Druckkraft von einhundert Kilogramm am Heck des Wagens aufbringen müssen, dann handelt es sich dabei um Kraft. Wenn Sie aber nun diese Kraft anwenden und das Auto um einen halben Meter wegbewegen, dann ist das Energie. Sie haben auf eine Strecke eine Kraft angewandt. In der Tat errechnet sich die Energie aus der Multiplikation von Kraft und dem Weg, auf dem sie angewandt wird. Die einhundert Kilogramm Kraft mal einen halben Meter ergibt fünfzig Kilogramm Meter Energie.

Es spielt dabei keine Rolle, in welcher Richtung die Kraft wirkt; wenn ich den Wagen aber nach oben stoße, also weg vom Boden, müsste ich eine Kraft aufwenden, die gleich oder größer ist als die Kraft, mit der die Gravitation das Auto zur Erde zieht. Mit anderen Worten, ich müsste den Wagen mit eineinhalb- bis zweitausend Kilogramm Kraft nach oben drücken, egal, welches Gewicht der Wagen hat. In diesem Falle nennt man dann die beteiligte Energie potenzielle Energie.

Ich wiege siebenundachtzigeinhalb Kilogramm. Das bedeutet, wenn ich einen halben Meter in die Luft steige, dann habe ich eine Kraft von siebenundachtzigeinhalb Kilogramm auf einem Weg von einem halben Meter angewandt, wobei ich eine Energie von 43,75 Kilogramm Meter verbraucht habe. Je höher ich steige, desto höher ist der aufzubringende Energiebetrag, obgleich die angewandte Kraft nie höher ist als mein Körpergewicht. Daher ist auch eine Levitation über einen Meter schwieriger als über einen halben Meter.

Der ausschlaggebende Punkt dabei ist, dass vor Beginn der Levitation diese Energie von irgendwoher aufgenommen werden muss. Wie bereits gesagt, ist *Prana* Gravitation, aber auch jede andere Form von Energie. In einem Absatz, der das von Swami Vivekananda Gesagte widerspiegelt, erläutert Swami Vishnudevananda:

»*Prana* ist auch als universelle Energie bekannt. Es ist *Prana*, das sich als Schwerkraft, als Elektrizität, als Tätigkeit des Körpers, der Nervenströme und der Gedankenkraft manifestiert. Von der Gedankenkraft bis hin zur niedrigsten physikalischen Kraft ist daher alles die Manifestation von *Prana*.«

Da aus *Prana* jede Form von Energie wird, folgt, dass es in alle Formen von Energie transformiert werden kann, einschließlich der mechanischen Energie und sogar der potenziellen Energie, also den beiden Arten von Energie, die man für die Levitation benötigt. Doch genug der Spekulation. Jetzt ist es an der Zeit, dass wir uns vom Warum abwenden und uns auf das Wie konzentrieren. Im nächsten Kapitel werde ich Ihnen erzählen, wie Sie sich wirklich in die Luft erheben können, sodass Sie diese Mysterien vielleicht von einer höheren Warte aus betrachten können.

– Kapitel 5 –

Einige praktische Geheimnisse

Im Dighanikaya sagt Buddha, dass der Adept, ohne zu versinken »auf dem Wasser wandelt, als wäre es fester Boden; mit unter sich gekreuzten Beinen fliegt er durch die Luft wie Vögel auf ihren Flügeln durch die Luft getragen werden.« In ähnlicher Weise verzeichnet Sanang Setzen, wie Colonel Yule zitiert, zehn wunderbare Kräfte, welche den Yogis seiner Zeit zugeeignet waren, darunter das Fliegen und »Sitzen in der Luft mit untergeschlagenen Beinen«. Beide Textstellen beziehen sich natürlich auf die Levitation, aber auch auf eine bestimmte Haltung, die zur Levitation eingenommen werden muss: die Position mit den untergeschlagenen Beinen. Manchmal nennt man sie »Buddha-Sitz«, weil der Buddha gewöhnlich in dieser sitzenden Haltung gezeigt ist; der korrekte Name lautet jedoch *Padmasana* – Lotussitz. Die Siva Samhita sagt dazu:

»Wenn der Yogi, obgleich er im *Padmasana* bleibt, sich vom Boden in die Luft erhebt, dann wisse, dass er das *Vayusiddhi* erreicht hat, welches die Dunkelheit der Welt vernichtet.«

Für Hindus und für Menschen mit äußerst schlanken Schenkeln ist diese Stellung recht einfach. Den meisten Europäern und Amerikanern fällt sie allerdings schwer. In der Tat stellt es für einige sogar bereits ein ›Siddhi‹ dar, wenn sie den Lotussitz erreicht haben.

Trotz alledem ist der *Padmasana* unerlässlich für jeden, der ernsthaft die Levitation erlernen will. Er ist nicht nur Tradition – es gibt keine bessere Stellung für den Moment, in dem man levitiert. Es ist zwar fast jede Stellung gut für den Weg in die Luft, doch was aufsteigt, muss auch wieder herunterkommen – da bilden Levitierende keine Ausnahme –, und die ersten Landungen gehen meist recht heftig vor sich. Wenn die Beine sicher untergeschlagen sind, wie es der Fall beim Einnehmen des *Padmasana* ist, dann wird die Verletzungsgefahr erheblich verringert.

Zur Ausführung des *Padmasana* setzen Sie sich auf den Boden und strecken beide Beine gerade vor sich aus. Falls nötig, lehnen Sie sich leicht zurück. Nun beugen Sie das rechte Bein und legen es über den linken Oberschenkel. Nicht darunter – sondern darüber. Haben Sie es richtig gemacht, dann sollten Ihr rechter Fuß und vielleicht noch der untere Teil Ihres rechten Knöchels auf dem obersten Teil Ihres linken Beines ruhen. Jetzt kommt der Spaß. Lassen Sie Ihren rechten Fuß, wo er ist – und nicht schummeln – beugen Sie das linke Bein und legen Sie den linken Fuß auf den rechten Oberschenkel. Gratulation! Jetzt sitzen Sie im Lotussitz.

Oder doch nicht? Wenn Sie nicht zuvor schon Yoga gelernt haben oder ziemlich jung oder ungewöhnlich gelenkig sind, dann vermute ich, dass Sie entweder im halben Lotussitz sitzen oder im westlichen Schneidersitz mit lose unter den Beinen gekreuzten Füßen. Sollte es sich so verhalten, dann liegt noch ein gutes Stück Arbeit vor Ihnen.

Jeder kann im halben Lotus sitzen, nämlich mit einem Bein überkreuzt, das andere nicht gekreuzt. Das wird unsere Ausgangsposition sein zur Entwicklung der Beweglichkeit, die wir für den ganzen Lotussitz benötigen. Setzen Sie sich wieder auf den Boden, die Beine gerade vor sich ausgestreckt, aber diesmal legen Sie nur den rechten Fuß auf den linken Oberschenkel. Jetzt halt! Sie haben bereits den halben Lotussitz erreicht. Nun legen Sie beide Hände mit den Handflächen nach unten auf das rechte Knie und drücken das Knie sanft nach unten in Richtung Boden. Das soll dazu dienen, diese Gelenke zu dehnen, damit sie allmählich beweglicher werden. Nach einigen Minuten der Dehnung des rechten Kniegelenks strecken Sie das Bein und gehen mit dem linken Bein genauso vor. Legen Sie den linken Fuß auf den rechten Oberschenkel, dann die Handflächen auf das linke Knie und D-E-H-N-E-N.

Nach einigen Wochen werden Ihre Knie gelenkig genug sein, um den ganzen Lotussitz einzunehmen, wenn auch nur für kurze Zeit. Während der Zeit, in der Sie den halben Lotussitz üben, versuchen Sie hin und wieder auch den ganzen Lotus. Sind Sie erst einmal fähig, für kurze Zeit den ganzen Lotussitz einzunehmen, werden Sie feststellen, dass Sie damit wesentlich bessere Fortschritte machen als mit der einfacheren Stellung.

Wenn Sie merken, dass ein Knie beweglicher ist als das andere, dann überkreuzen Sie jenes zuerst, dann das weniger bewegliche Knie. Vermeiden Sie unter allen Umständen jeden Schmerz. Yoga ist kein Schmerz verursachendes System; allerdings hatte ich einmal einen Kundalini-Lehrer, der es dafür hielt. Wenn Ihre Knie eine Stunde nach Beenden der Übung schmerzen, dann haben Sie zu viel des Guten getan. Sie sind gut beraten, wenn Sie keine *Asanas* mehr durchführen, bis der Schmerz vollkommen verschwunden und die wunden Knie- und Hüftgelenke abgeheilt sind.

Wenn Sie den ganzen Lotussitz also einmal erreicht haben, dann sitzen Sie einfach einige Minuten täglich in dieser Stellung. Vor allem in der ersten Zeit machen Sie keine zusätzlichen Dehnübungen, denn die Sitzhaltung selbst dehnt soweit wie nötig. Mit der Zeit wird Ihnen diese Haltung immer leichter fallen, bis Sie dann recht bequem sitzen und in ihr meditieren können.

Vielleicht tröstet Sie die Tatsache, dass Sie den Lotussitz umso dringender durchführen müssen, je schwerer er Ihnen fällt. Yogis sagen, dass Alter nichts anderes ist als fehlende Elastizität der Gelenke. Mit dem Verbiegen Ihrer Gliedmaßen in die verschlungenen Haltungen, die die Yogis Asanas nennen, erhalten Sie Ihre Gelenke geschmeidig, wenn andere längst Probleme damit haben. Einige fortgeschrittene Schüler haben sich eine jugendliche Erscheinung noch in ihren Siebzigern erhalten, und zwar großenteils durch regelmäßiges Ausüben der *Asanas*.

Wenn Sie dann den *Padmasana* erreicht haben, legen Sie die hohlen Hände um den Hinterkopf und lehnen sich, im ganzen Lotussitz, langsam zurück – die Knie berühren dabei immer den Boden –, bis Ihre Schultern den Boden hinter sich spüren. Das nennt man *Masyasana*, die ›Fischhaltung‹. Wenn Sie *Padmasana* können, ist es ganz einfach, und es lohnt sich wegen der Dehnung Ihrer Wirbelsäule und der speziellen Anregung der Schilddrüse.

Der nächste Schritt, nachdem Sie den richtigen Sitz gelernt haben, ist die richtige Atmung. Nichts ist daran sonderlich esoterisch. Die meisten Menschen haben schon einmal auf dem Fußboden gesessen, und jeder Lebende atmet. Wenn Sie aber levitieren möchten, dann gibt es eine besondere Sitzhaltung und auch eine spezielle Art zu atmen. Beim Yoga nehmen wir die sogenannte Zwerchfellatmung.

Setzen Sie sich in den ganzen Lotus – oder den halben Lotus, wenn Sie den ganzen aufgegeben haben; legen Sie die rechte Hand auf die Brust, die linke Hand auf den Magen. Atmen Sie wie immer, und während Sie atmen, stellen Sie fest, welche Hand sich dabei bewegt, oder ob sich beide bewegen. Bewegt sich Ihre rechte Hand, dann müssen Sie an sich arbeiten; bewegt sich dazu die linke Hand nicht, dann steht Ihnen ein schweres Stück Arbeit bevor. Ihre linke Hand liegt dort, wo etwa das Zwerchfell liegt, und idealerweise bewegt sich nur diese Hand beim Atmen.

Während Sie noch im ganzen Lotus sitzen, atmen Sie tief ein, indem Sie die Bauchdecke nach außen drücken und dabei in den Lungen ein Vakuum erzeugen. Im Yoga nennt man dies ›kugelförmig‹, da Ihr Bauch dabei aussehen soll wie eine Kugel – in unserer Gesellschaft ein Stigma, im Yoga aber äußerst erwünscht. Halten Sie den

Atem an, solange es bequem geht, ohne Unbehagen zu erzeugen, dann stoßen Sie die Luft wieder aus, indem Sie den Bauch einziehen und das Lungenvolumen vermindern.

Dies ist die einzig natürlich Art zu atmen und wohl auch der Grund, weshalb man sie den meisten Menschen beibringen müsste. Üben Sie diese Technik zehn bis fünfzehn Minuten, dann vergessen Sie sie wieder. Ihr Körper wird sich in seiner natürlichen Weisheit daran erinnern, und Sie werden für immer die Zwerchfellatmung durchführen, ohne dass Sie darüber nachdenken.

Wenn Sie sich diese Technik angeeignet haben, dann führt der nächste Schritt zum Erlernen der systematischen Tiefenentspannung. Der Grund dafür wird Ihnen gleich nach dem Erlernen klar werden: Wenn Sie entspannt sind, fällt es Ihnen leichter, die Atmung zu kontrollieren.

Wenn Sie in der Nähe eines Schwimmbades oder eines anderen Wassers leben, das sich zum Schwimmen eignet, können Sie dies ganz leicht selbst nachprüfen. Ich nenne das ›Unterwasser-Meditation‹. Holen Sie tief Luft, tauchen Sie ganz im Wasser unter und stellen Sie fest, wie lange Sie den Atem anhalten können. Wenn Sie ein wenig experimentieren, werden Sie bemerken, dass man den Atem umso leichter für einen längeren Zeitraum anhalten kann, je entspannter man ist.

Dieses Experiment führt zu keiner großartigen okkulten Entwicklung, ich empfehle es jedoch jedem, der es noch nie versucht hat. Es gibt keinen wirkungsvolleren Weg, sich selbst den Wert der Entspannung in Verbindung mit ausgewogenen Atemübungen vor Augen zu führen. Wenn Sie kein entsprechendes Gewässer zur Verfügung haben, können Sie ähnliche Ergebnisse erzielen, indem Sie den Kopf in der Badewanne untertauchen. Am effektivsten ist die Unterwasser-Meditation jedoch, wenn sich der ganze Körper etwa einen Meter unter Wasser befindet.

Zur systematischen Entspannung setzen Sie sich aufrecht in einen ungepolsterten Stuhl mit Lehne. Setzen Sie sich so hin, wie Sie es für die Meditation tun würden, die Beine nicht überkreuzt, die Hände ruhen locker im Schoß, die Augen sind geschlossen. Sie werden, zumindest zu Anfang, nicht in Asanas sitzen wollen, denn Sie werden Ihrem Körper die verschlungene oder unbequeme Haltung ersparen wollen, wenn Sie diese Übung zum ersten Mal probieren.

Die Technik selbst wurde von Edmond Jacobson an der Harvard-Universität im Jahre 1908 entwickelt. Es handelt sich um eine westliche Technik, die auch Methoden aus dem Osten einschließt und mittlerweile zum Ausgangselement von verschiedenen Arten der Meditation und Psychotherapie geworden ist.

Setzen Sie sich einfach in einen Stuhl, schließen Sie die Augen und werden Sie sich der Muskeln in Ihren Füßen bewusst. Versuchen Sie, den Zustand dieser Muskeln zu erfühlen und zu wollen, dass sie sich entspannen. Manche Menschen finden es hilfreich, wenn sie die Muskeln zuerst anspannen, um eine Vorstellung davon zu haben, wie sich die Muskelspannung anfühlt, und dann die Muskeln zu entspannen. Nachdem Sie die Fußmuskeln entspannt haben, gehen Sie bei den Muskeln der Fesseln ebenso vor, dann folgen die Waden, und so weiter, bis Sie den Scheitelpunkt Ihres Kopfes erreicht haben.

Wenn Sie die Entspannung einmal von den Füßen bis zum Kopf durchgeführt haben, dann beginnen Sie wieder bei den Füßen. Bei den ersten Malen werden Sie feststellen, dass jedes Mal, wenn Sie gerade die Muskeln im Kopf entspannen, Ihre Fußmuskeln wieder beginnen, sich anzuspannen. Versuchen Sie nach dem zweiten oder dritten Durchgang, Wellen der Entspannung zu spüren, die von Ihren Fußsohlen zu Ihrem Kopf laufen- immer wieder –; bei jeder Welle der Entspannung sagen Sie im Geiste »entspannen« und atmen dabei aus.

Diese Übung hat eine Gemeinsamkeit mit den Asanas: Je schwerer sie Ihnen fällt, desto nötiger brauchen Sie sie. Es ist eine gute Übung, sich während der Meditation zu erinnern, denn während Ihrer Meditation daran wird zu gewissen Zeiten ein unwiderstehlicher Drang, in die Aktivität zurückzukehren, auftreten. Das zeigt eine innere Spannung an, die an die Oberfläche steigt, und dieser innere Stress kann durch Anwendung der Technik systematischer Tiefenentspannung gelöst werden.

Die Übung kann Ihnen auch helfen, wenn Sie auf Anspannung beruhende Atemprobleme haben. Bestimmte Arten von Allergien und Stirnhöhlenprobleme, die *Pranayama* unmöglich machen, beruhen einzig auf Anspannung. Wenn Sie an dieser Art von Krankheitserscheinungen leiden, werden Sie erkennen, ob sie auf Anspannung beruhen, weil systematische Tiefenentspannung die Symptome vollkommen verschwinden lässt. Wenn dies der Fall ist, dann sagen Sie sich, dass Sie in der Lage sind, diesen Entspannungszustand aufrechtzuerhalten, auch nachdem Sie sich aus Ihrem Stuhl erhoben haben und Ihrer täglichen Beschäftigung nachgehen. Wenn Sie sich das sagen, dann in dem Wissen und der Überzeugung, dass es wahr ist. Sie werden nicht gleich beim ersten Mal erfolgreich sein, aber mit der Zeit werden Sie den Entspannungszustand dauerhaft erhalten können. Ich selbst habe es geschafft, mich mithilfe dieser Technik von ernsthaften Allergien zu befreien.

Wenn Sie die Entspannungsübung durchführen und das Gefühl der Entspannung einmal erreicht haben, dann sind Sie in der Lage, sich sofort nur durch den reinen Wunsch vollkommen zu entspannen. Die systematische Technik wird dann nicht mehr nötig sein. Entspannen lernen ist ebenso wie das Erlernen irgendeiner handwerklichen Fähigkeit. Wenn Sie es einmal gelernt haben, dann können Sie es automatisch.

Jetzt zur Kombination von Entspannung und *Asanas*. Setzen Sie sich in den *Padmasana*, schließen Sie die Augen und spüren Sie die Wellen der Tiefenentspannung durch Ihren Körper laufen. Wenn Sie fühlen, dass Sie entspannt sind, beginnen Sie, Ihren Atemrhythmus wahrzunehmen. Je entspannter Sie sind, desto langsamer wird der Rhythmus.

In Ihrem jetzigen Stadium der Entspannung, im *Asanas*-Sitz, verschließen Sie das linke Nasenloch mit dem linken Daumen und atmen Sie durch das rechte Nasenloch so viel Luft ein, wie es Ihnen ohne ein unangenehmes Gefühl möglich ist; dann verschließen Sie mit dem rechten Daumen das rechte Nasenloch. Beginnen Sie jetzt langsam von eins bis tausend zu zählen, und wenn Sie den Atem so lange wie möglich angehalten haben, nehmen Sie den linken Daumen von der Nase und atmen langsam durch das linke Nasenloch aus. Wenn Sie alle Luft ausgeatmet haben, und zwar ohne Pressen, beginnen Sie wieder mit Einatmen, diesmal mit dem linken Nasenloch. Wenn Sie so viel Luft eingeatmet haben, wie Sie bequem halten können, verschließen Sie mit dem linken Daumen das linke Nasenloch. Beginnen Sie wieder mit Zählen, atmen Sie aber erst wieder aus, wenn Sie die Zahl erreicht haben, bei der Sie im ersten Durchgang mit Ausatmen begonnen haben. Dann entfernen Sie den rechten Daumen vom rechten Nasenloch und atmen Sie durch das rechte Nasenloch aus.

Bei dieser Gelegenheit ein Rat: Wenn Sie einatmen, dann nur so viel, wie Sie ohne Mühe halten können. Wenn Sie Ihre Lungen bis zum Platzen füllen – ein Fehler, den Anfänger gerne machen –, werden Sie beim Ausatmen nach Luft schnappen. Denken Sie daran: Wenn Sie ausatmen, dann müssen Sie LANGSAM ausatmen. Was immer Sie daran hindert, langsam auszuatmen, beruht auf einer falschen Durchführung der Technik.

Ein weiterer Rat ist, dass Sie unter keinen Umständen den Atem über eine längere Zeit anhalten als beim ersten *Pranayama*-Durchgang. Wenn Sie den Atem das erste Mal anhalten, merken Sie sich die Zahl, die Sie dabei erreichten, als Sie das Bedürfnis zum Ausatmen verspürten. Überschreiten Sie diese Zahl bei den weiteren Durchgängen nicht. *Pranayama* kann die Kohlendioxid-Bildung im Blut blockieren und das natürliche System, das Ihnen mitteilt, wann Sie wieder Luft brauchen, empfindlich stören. Wenn Sie diesen Rat nicht befolgen, können Sie sich wortwörtlich unbewusst erdrosseln.

Die drei Phasen des *Pranayama*-Zyklus, Einatmen, Atemanhalten und Ausatmen, tragen Sanskrit-Bezeichnungen, die wir von jetzt an verwenden wollen. Einatmen wird im Yoga als *Puraka* bezeichnet; das Atemanhalten nennt man *Kumbhaka*; das Ausatmen heißt *Rechaka*. Das Ziel der *Pranayama*-Übung ist es, allmählich die Zeitspanne, die Sie im *Kumbhaka* verweilen, zu steigern; dieser Prozess muss allerdings sehr abgestuft vor sich gehen. Der Hatha Yoga Pradipika warnt:

»So wie man Löwen, Tiger und Elefanten nach und nach zähmt, so soll der Atem in kleinen Schritten beherrscht werden; sonst tötet er den Übenden.«

Alle alten Yoga-Texte empfehlen, mit zwanzig *Puraka*-, *Kumbhaka*- und *Rechaka*-Zyklen pro Sitzung zu beginnen. Wie ich festgestellt habe, dauert dies etwa fünf Minuten; das heißt, Sie können die Übung praktisch jederzeit durchführen, ohne Ihren gewohnten Tagesablauf durcheinanderzubringen. Wenn Sie *Pranayama* viermal am Tag ausführen – morgens, mittags, vor dem Abendessen und vor dem Zubettgehen –, dann verbringen Sie mit *Pranayama* nicht mehr als zwanzig Minuten täglich. Doch die Ergebnisse können aufregend sein.

Einige der überlieferten Resultate sind: Die Augen leuchten, das äußere Erscheinungsbild wird vollkommen klar, die Atmung wird besonders einfach, und der Körper wird äußerst leicht, als könne man levitieren. Das sind Anzeichen dafür, dass sich die Nadis – Tausende psychischer Nervenbahnen im menschlichen System – reinigen. Dieses Stadium sollten Sie innerhalb von drei Monaten erreicht haben.

Wenn möglich, sollten Sie mit *Pranayama* in einer milden Jahreszeit – Frühjahr oder Herbst – beginnen. Nach dem Essen sollten Sie etwa eine Stunde mit *Pranayama* warten, vier Stunden, wenn es sich um eine schwere Mahlzeit handelte. Wenn Ihr Magen leer ist (wie etwa morgens nach dem Aufwachen), können Sie ein Glas Milch und eventuell einen Buttertoast zu sich nehmen, bevor Sie mit der Übung beginnen.

Bald werden Sie auch bestimmte Erfahrungen machen, wie sie in der Siva Samhita beschrieben sind:

»Im ersten Stadium von *Pranayama* beginnt der Körper des Yogi zu schwitzen. Wenn er schwitzt, sollte er sich gut abreiben, sonst verliert der Körper des Yogi sein Dhatu (Körpersäfte). Im zweiten Stadium tritt Körperzittern auf; im dritten Stadium hüpft er herum wie ein Frosch; und wenn die Übung umfangreicher wird, schreitet der Adept durch die Luft.«

Dieselben Stadien sind auch in »The Gheranda Samhita« genannt, wo sie sich auf drei Ebenen des Fortschritts in *Pranayama Practice* (Pranayama-Übung) beziehen:

»Bei der Ausübung des untersten *Pranayama* beginnt der Körper heftig zu schwitzen; bei Ausübung des mittleren beginnt der Körper zu beben (besonders im Bereich des Rückenmarks) Im obersten *Pranayama* verlässt man den Boden, das heißt, es findet eine Levitation statt.«

Die niedrigste Stufe von *Pranayama* heißt *Adhama*, die mittlere *Madhyama* und die oberste *Uttama*. Der Unterschied zwischen den drei Stufen liegt in der Zeit der Ausübung von *Puraka*, *Kumbhaka* und *Rechaka*. Die Texte geben das Zeitverhältnis für jede der *Pranayama*-Phasen genau an. Dieses Verhältnis nennt man PKR-Verhältnis beziehungsweise *Puraka-Kumbhaka-Rechaka*-Verhältnis.

Gemäß Vasus Übersetzung sollten in *Adhama* zwölf Sekunden für *Puraka*, achtundvierzig Sekunden für *Kumbhaka* und vierundzwanzig Sekunden für *Rechaka* verwendet werden. Das ergibt ein PKR-Verhältnis für *Adhama* von 12:48:24, wobei sich die Zahlen jeweils auf die Sekunden beziehen, die man für *Puraka*, *Kumbhaka* und *Rechaka* aufwenden soll. Entsprechend dieser Übersetzung ist das Verhältnis für *Madhyama* 16:64:32 und für *Uttama* 20:80:40.

In »The Serpent Power« zitiert Arthur Avalon aus demselben Text, nur offensichtlich aus einer anderen Übersetzung. In seiner Version lauten die PKR-Verhältniszahlen für *Adhama*, *Madhyama* und *Uttama* 4:16:8, 8:32:16 und 16:64:32, die sich auf die Anzahl der geistigen Wiederholungen des *Pranava*-Mantras gründen. Das *Pranava*-Mantra heißt AUM, obgleich Sie vielleicht für *Pranayama* die Kurzform OM vorziehen. Einhundert *Uttamas* führen, so Avalon, zur Levitation.

Wenn Sie zur Einhaltung der Zeit Ihrer *Pranayamas* eine Mantra-Technik anwenden, dann können Sie sich dazu vielleicht einen Rosenkranz anfertigen. Das erlaubt Ihnen das erforderliche Zählen, ohne aber dabei durch Anstrengung des Intellekts die Bewusstseinsänderungen zu stören, die aus der Technik erwachsen. Ich selbst benutze gerne eine leichte Schnur mit einer Reihe von Knoten. Andere wiederum ziehen auf eine Schnur aufgezogene Perlen vor.

Auch wenn Sie sich die Zeit nicht genau merken, beginnen Sie recht rasch zu schwitzen. Das nächste Anzeichen des Fortschritts ist das Zittern. Und hier muss ich eine Warnung aussprechen.

Das Zittern ist ein Anzeichen dafür, dass Kundalini geweckt wurde. Kundalini ist eine geheimnisvolle Kraft oder Energie, die von der Basis der Wirbelsäule ausgehen soll und die von einer dreieinhalbmal gewundenen Schlange symbolisiert wird. Ich habe all die Kundalini-Erfahrungen gemacht, die von Fachleuten auf diesem Gebiet festgestellt wurden, und zwar ohne ungebührliche Probleme. Andere hatten nicht so viel Glück. Dr. Theos Bernards Erfahrung ist typisch dafür:

»Zunächst trat ein juckendes Gefühl auf. Als ich mit der Übung fortfuhr, verstärkte sich die Empfindung, und bald fühlte es sich an, als würden mir Wanzen über den Körper laufen. Während ich weitermachte, zitterten meine Beine plötzlich, und bald darauf zitterte ich unkontrolliert am ganzen Körper.«

Wenn Sie negative Erfahrungen jeglicher Art während der Yoga-Übungen erleben, dann denken Sie daran, dass diese Erfahrungen von der Ausführung der Übungen herrühren und beendet werden können, indem Sie die Übungen unterlassen. Wenn Sie die »Zitter«-Phase von *Pranayama* erreichen, rate ich Ihnen dringend, einen Yoga-Lehrer aufzusuchen und mit ihm in Verbindung zu bleiben, bis die »Zitter«-Phase vorüber ist. Wenn Sie Asanas bis dahin noch nicht beherrschen, dann sollten Sie mit den *Pranayama*-Übungen aufhören, bis Sie gelernt haben, im *Padmasana* zu sitzen. Denn diese Sitzhaltung hilft Ihnen, das Zittern zu kontrollieren.

Wenn Sie das Stadium des Zitterns geschafft haben, dann sind Sie endlich im dritten Stadium angekommen, dem »Herumhüpfen wie ein Frosch«. Die Siva Samhita nennt es *Darduri-Siddhi*, die »Frosch-Hüpf-Kraft«. Sie soll von der inneren Betrachtung des *Muladhara*-Chakra herrühren, das, wie Sie sich vielleicht noch erinnern, eines der drei traditionell mit der Levitation verbundenen Chakras ist.

An anderer Stelle nennt derselbe Text dieses Stadium *Bhuchari-Siddhi* und erläutert, dass »durch die Stärke der gleichbleibenden Übung [im *Pranayama*] der Yogi ... sich bewegt wie ein Frosch, der über den Boden hüpft, wenn er von klatschenden Händen erschreckt wurde«.

Dieses Frosch-Hüpfen oder, wie man allgemein sagt, »Hüpfen« ist die Stufe des äußeren Erfolges der Levitation. Es ist ein kurzes Erheben in die Luft und erklärt sich dadurch, dass der Körper, wahrscheinlich in der Bedeutung des *Prana*-Stromes im Körper, sich nicht im Gleichgewicht befindet. Auf diese Weise erheben Sie sich in die Luft, bewegen sich dabei ein Stück nach vorne und landen dann in einiger Entfernung wieder, statt sich nur geradewegs in die Luft zu erheben und dort einige Zeit zu bleiben. Ist Ihr Körper im Gleichgewicht – ein Zustand, den nur wenige Leute je erreichen –, dann sind Sie fähig zu schweben. Ein TM-Lehrer hat mir dazu erklärt:

»Maharishi sagt, bevor man gehen kann, muss man krabbeln, und bevor man laufen kann, muss man gehen. Bei der Levitation müssen Sie erst hüpfen, bevor Sie schweben, und schweben, bevor Sie fliegen können.«

In Bezug auf das Fliegen bin ich ein wenig skeptisch. Aber einige Leute haben den Schwebezustand erreicht, und das Hüpfen ist eine Tatsache, die sich demonstrieren lässt. »Über dieses Phänomen gibt es keinerlei Zweifel«, schreibt Aleister Crowley. »Es ist durchaus gängig.« [9]

Die verschiedenen Menschen erleben das Hüpfen auf verschiedene Weise. In »Higher Psychical Development« erzählt Hereward Carrington, dass für ihn das Hüpfen eher die spürbare Neigung, sich in die Luft zu erheben, war als das tatsächliche Erheben. »Das ist eine eigenartige Empfindung, wenn man mit überkreuzten Beinen dasitzt«, schreibt er. Doch Aleister Crowley hatte fortgeschrittenere Erfahrungen.

Crowley erlebte die Zitter-Phase als »eine automatische Muskelsteife«, und das Hüpfen als »das höchst kuriose Phänomen, den Körper, während er vollkommen steif ist, zu kleinen Sprüngen in verschiedene Richtungen zu veranlassen. Es scheint, als habe man sich irgendwie erhoben, etwa einen Zoll über dem Boden, und werde dann sehr sanft in einer kurzen Entfernung wieder abgesetzt«. [10]

Lehrer des TM-Siddhi-Programms, die das Hüpfen auf etwas andere Weise herbeiführen, berichten, dass es nicht ungewöhnlich ist, wenn Leute sich von dreißig Zentimeter bis fast einen Meter hoch erheben und sich dabei fast zwei bis zu drei Meter weit vorwärts bewegen, bevor sie wieder landen. Paramahansa Yogananda beobachtete dieses Phänomen beim »levitierenden Heiligen« Nagendra Nath Bhaduri. Er sagt: »Nach bestimmten *Pranayamas* verliert der Körper eines Yogi seine Masse. Dann erhebt er sich in die Luft und springt umher wie ein hüpfender Frosch.« Sein Yoga-Kollege, Mr. I.K. Taimini findet daran nichts Befremdliches:

»Niemand glaubt, dass das Gesetz der Schwerkraft verletzt wird, wenn eine Rakete in den Himmel fliegt. Warum muss man dann unbedingt glauben, es sei ein Wunder geschehen, wenn ein Mensch sich mithilfe von *Pranayama* in die Luft erhebt? ... Bei der *Pranayama*-Übung ist die Levitation eine geläufige Erscheinung und beruht auf den *Prana*-Strömen, die in bestimmter Weise fließen.«

Um Ihnen zu beweisen, dass das Hüpfen physikalisch möglich ist, stelle ich Ihnen ein kleines Levitationsexperiment vor, das ich Party-Levitation nenne, weil man es als Party-Spiel benutzt. Ich habe erstmals an einem höchst ungewöhnlichen Ort davon gehört, nämlich im

Aufzug eines Bürogebäudes in einer amerikanischen Großstadt. Von da an habe ich es einige Male gesehen, vorgeführt gewöhnlich von Leuten, die es zum ersten Mal machten, und nie ging es schief.

Für die Party-Levitation benötigen Sie fünf Leute, einer, der levitiert – ich nenne ihn nachstehend den Levitierenden – und vier zur Durchführung der Levitation – ich nenne sie Levitatoren.

Der Levitierende setzt sich auf einen Stuhl, die vier Levitatoren stellen sich um ihn herum auf. Einer sollte zur linken Seite des Levitierenden stehen, gleich hinter dessen linker Schulter; ein Levitator sollte vor dem Levitierenden, nahe dessen linkem Knie, stehen. Die beiden anderen Levitatoren sollten sich in gleicher Stellung auf der rechten Seite des Levitierenden aufstellen.

Das Ziel der Party-Levitation ist es, den Körper des Levitierenden vom Gewicht her so leicht zu machen, dass die vier Levitatoren ihn mit jeweils nur einem Finger etliche Zentimeter hoch in die Luft heben können. Wird das Experiment richtig durchgeführt, wird keiner der Levitatoren den geringsten Widerstand gegen seine Anstrengungen verspüren. Es scheint vielmehr, als habe der Levitierende sein ganzes Gewicht verloren.

Während der Levitierende sitzt, umgeben ihn die vier Levitatoren in der beschriebenen Weise und legen ihre

Hände, eine auf die andere, auf den Kopf des Levitierenden, so als ob sie ihn durch Handauflegen heilen wollten. Bei diesem Vorgang bewirken sie durch ihre Geisteskraft, dass die Energie, die im Körper des Levitierenden dessen Wechselwirkung mit der Schwerkraft hervorruft, aus seinem Körper herausgezogen wird. Idries Shah interpretiert in seinem Buch »Oriental Magic« das Experiment folgendermaßen:

»Das Ziel hierbei ist es, die Versuchsperson mit negativer Elektrizität aufzuladen. Dies geschieht durch das ›Ausfließen‹ menschlicher Elektrizität, die von anderen ›menschlichen Batterien‹ zugeführt wird. Nach einigen Minuten wird die Wirkung der Schwerkraft nachweislich reduziert. Zwei der Experimentierenden können mit nur zwei Fingern die Versuchsperson samt Stuhl und allem hochheben.

Unter diesen Bedingungen hält die Wirkung allerdings nicht lange an. Die Elektrizität fließt in die Erde. Daher muss man die Person sofort mit dem Stuhl hochheben.«

Thelma Moss, die dieses Experiment in »The Probability of the Impossible« beschreibt, betont die Notwendigkeit, dass die vier Levitatoren gleichzeitig anheben. Dazu können Sie die Levitatoren zum Beispiel bis drei zählen lassen oder ein ähnliches Hilfsmittel anwenden. Wenn Sie alles ordnungsgemäß durchführen, klappt es gleich beim ersten Mal. Die Vorführung ist in jedem Falle verblüffend.

Okkultisten sagen, dass der Körper des Levitierenden extrem leicht wird. Aber dieser Gewichtsverlust reicht noch nicht aus, um ein Anheben zu erreichen. Man braucht einen Anschub, um sich zu erheben – nur einen winzigen, aber immerhin einen Anschub, und dieser kommt von den vier Levitatoren. Der einzige Unterschied zwischen der Party-Levitation und *Pranayama*-Hüpfen ist der, dass der Yogi sich selbst den Anschub gibt.

Wenn Sie es unermüdlich weiter versuchen, dann werden Sie vielleicht den »Durchbruch« vom Hüpfen zum Schweben schaffen. Das ist zwar eine seltene, aber keineswegs unmögliche Leistung.

In seinem Buch »Secret Tibet« erzählt Fosco Maraini eine typische Levitationsgeschichte aus dem Fernen Osten. Der Levitierende war ein Onkel der Prinzessin Pema Chöki Namgyal von Sikkim, von der Maraini die Geschichte erfahren hat.

»Er führte aus, was Sie Übungen in Levitation nennen würden. Ich brachte ihm gewöhnlich ein wenig Reis. Er ruhte bewegungslos in der Luft. Jeden Tag stieg er ein kleines Stück höher, bis er sich schließlich so weit oben befand, dass es mir schwerfiel, ihm den Reis zu reichen. Ich war damals ein kleines Kind und musste mich dazu auf die Zehenspitzen stellen. Bestimmte Dinge werde ich nie vergessen!«

Solche Erlebnisse würde in der Tat niemand so schnell vergessen! Aber damit niemand glaubt, solche Dinge würden nur kleine Kinder sehen, nachstehend ein Bericht von Mr. Seenath Chatterjee, einem unzweifelhaft integren Mann, der eine Vorstellung dieser Art als Erwachsener beobachtet hat und seine Geschichte in »The Theosophist« erzählt hat:

»Einige Wochen lang machte ein Lama aus Tibet in meinem Haus Rast – ein wahrhafter Asket, der täglich Yoga praktizierte und Stunden, manchmal Tage in meditativer Zurückgezogenheit in dem Zimmer, das ich ihm zugewiesen hatte, verbrachte.

Er hatte eines Morgens vor meiner Tür gestanden und um sein Essen gebettelt, wie es bei den buddhistischen Bettelmönchen Brauch ist, und da mir seine Erscheinung gefiel, bat ich ihn ins Haus. Er war gerade eingetreten, und ich hatte Befehl gegeben, ihm etwas zu essen zu bringen, als zufälligerweise der Milchmann, der aus Bhutan stammte und tibetisch sprach, vorbeikam. Mit ihm als Dolmetscher fragte ich den Lama, ob er irgendwelche *Siddhis* oder psychischen Kräfte besäße.

Er wollte wissen, welches Phänomen ich gerne sehen wolle. Ich erwiderte ihm, es wäre für mich sehr lehrreich, wenn ich ihn sich in die Luft erheben sehen könnte. Er bat mich um ein abgeschiedenes Zimmer, rief mich allein herein, schloss die Tür und zog die Vorhänge vors Fenster. Dann legte er alle Kleidung bis auf den Languti, den Lendenschurz, ab und nahm auf dem schmalen Brett, das ich für ihn bereit gelegt hatte, Platz. Er überkreuzte die Beine, nahe dem Körper – die übliche *Padmasana*-Haltung des Yoga –, legte Daumen und Ringfinger jeder Hand aneinander. Mit den Händen auf dem Oberbauch, saß er ganz aufrecht da, wandte die Augen nach oben und blieb so eine Weile reglos. Dann machte er eine schlängelnde Bewegung und atmete dabei gleichzeitig ein paarmal tief ein. Nach dem dritten oder vierten Einatmen schien er die Luft anzuhalten und saß eine halbe Stunde lang bewegungslos wie eine Statue da. Dann überliefen ihn nervöse Schauer, etwa drei Minuten lang, danach verfiel er wieder etwa eine halbe Stunde in Bewegungslosigkeit. Unvermittelt erhob er sich, immer noch in sitzender Haltung, senkrecht in die Luft, und zwar in eine Höhe von, ich würde sagen, einem knappen Meter, dann schwebte er, ohne zu zittern oder einen einzigen Muskel zu bewegen, wie ein Korken auf ruhigem Wasser. Sein Gesichtsausdruck war äußerst friedvoll, wie der eines verzückten Anhängers, wie ihn auch Augenzeugen in den biographischen Lebensgeschichten von

Heiligen beschreiben. Nachdem ich ihn wenigstens ein paar Minuten erstaunt betrachtet hatte, dachte ich bei mir, dass dies nun zur Befriedigung meiner Neugierde genüge, und hoffte, er würde sich nicht meinetwegen noch mehr Mühe machen.

Sogleich, als sei mein Gedanke gelesen worden, sank er langsam wieder ab auf seinen Platz. Dann entleerte er seine Lungen durch drei oder viermal starkes Ausatmen, öffnete die Augen, erhob sich so leicht und selbstverständlich, als habe er nichts weiter Ungewöhnliches getan, und lachte über meine verwirrte Miene.

Als er sich wieder angekleidet hatte, wurde der Milchmann hereingerufen, und der Lama bat ihn, mir zu erklären, dass ein so ›gewöhnliches *Siddhi*‹ in seinem Guru-Kloster sogar Lama-Schüler, die noch nicht sehr fortgeschritten waren, durchführen könnten!«

Eine ähnliche Geschichte erzählt Mr. Joshi Ootamram Doolabrahm, ehemaliger Guru der School of Astrology and Astronomy (Schule für Astrologie und Astronomie) in Baroda. Mr. Doolabrahm traf seinen Guru im Jahre 1856, als er gerade etwas lernen wollte über alte Hindu-Theorien der Chemie. Er berichtet, dass er nach langem Suchen in der Stadt Broach eine Autorität auf diesem Gebiet fand, einen Asketen, der dem Tempel des Mahadev am Ufer des Narbada angehörte. Der Guru hieß Narayenanand und stammte aus dem Punjab. Mr. Doolabrahm schreibt:

»Er war etwa fünfunddreißig Jahre alt, größer als der Durchschnitt, und sein schönes Antlitz trug den Ausdruck großer Intelligenz. Seine Wangen waren von einem rosigen Hauch gefärbt, den ich weder zuvor noch je wieder danach bei einem Sterblichen gesehen habe. Er trug den Kopf rasiert und war in das safrangelbe Gewand eines Sanyasi gekleidet. Wie allen Männern seiner Klasse konnte man sich ihm nur sehr schwer nähern, und weder akzeptierte er mich als Schüler noch erlaubte er mir irgendeine Vertraulichkeit, bevor er sich nicht zu seiner Zufriedenheit durch persönlichste Fragen über meine wirklichen Absichten und meine Fähigkeit, die Wissenschaft des Yoga zu erlernen, unterrichtet hatte.

Ich übergehe die Details und bemerke einfach, dass ich schließlich mein Ziel erreichte; ich wurde als Schüler angenommen, erhielt seinen Segen und diente ihm mehr als zwei Jahre. Während dieser Zeit lernte ich viele Dinge im Praktischen, die ich bisher nur vom Lesen unserer geheiligten Shastras kannte. Ich entdeckte viele Geheimnisse der Natur, darunter meinen Lehrer bei der Ausübung von *Pranayam*, wobei er in der vorgeschriebenen Haltung des *Padmasan* saß, und sein Körper erhob sich drei oder vier Finger über dem Boden und blieb vier bis fünf Minuten lang dort, während ich die Hand einige Male unter ihm hindurch bewegen durfte, um meine Zweifel auszuräumen, dass die Levitation eine Tatsache war.«

So viele Menschen haben die Vorführung des Schwebens gesehen, besonders in Indien, dass kein Zweifel an der Wirklichkeit dieses Geschehens bestehen kann. Aber es kommt selten vor, viel seltener noch als das Hüpfen. Der Grund dafür ist recht paradox.

Wenn die Levitation einen Menschen spontan überkommt, wie es manchmal bei Mystikern oder gelegentlich auch bei Kranken vorkommt, dann ist es für diesen Menschen nicht ungewöhnlich, wenn er eine halbe oder eine ganze Stunde oder gar noch länger in der Luft schwebt. Wenn jedoch ein Yogi die Fähigkeit kultiviert, absichtlich zu schweben, dann ist eine Levitation von drei oder vier Minuten eine außerordentliche Leistung.

Die meisten, die diese Übung aus reiner Neugier durchführen, schweben bestenfalls einige Sekunden, höchstens eine Minute. Warum das so ist, weiß niemand. Aber etwas wissen wir: Das alles hat etwas mit veränderten Bewusstseinszuständen zu tun und der Schwierigkeit, diese höheren Bewusstseinszustände absichtlich aufrechtzuerhalten. An der Levitation sind nicht nur die Lungen beteiligt, sondern auch der Geist. Und der Geist bildet einen Teil des nächsten Elements unserer Technik.

– Kapitel 6 –

Die Bedeutung des Willens

In ihrem Buch »Die entschleierte Isis« schreibt Madame Blavatsky, dass »die Adepten der Hermetischen Wissenschaft die Levitation ihres Körpers folgendermaßen erklären: Der Gedanke daran ist so fest auf einen Punkt über ihnen fixiert, dass der Körper, wenn er durch und durch von astraler Energie erfüllt ist, der geistigen Anziehung folgt und sich in die Luft erhebt«. Wie zuvor beschrieben, ist *Prana* in dieser Technik eingeschlossen: »... der Körper ist durch und durch von astraler Energie erfüllt ...« Es wird jedoch auch ein neues Element ins Spiel gebracht: der Wille.

Wenn wir unseren Körper mit *Prana* füllen, wird sein Gewicht geringer. Wenn wir unsere *Pranayama*-Übungen regelmäßig durchführen, wird unser Körper vielleicht sogar den Boden verlassen. Solange wir die Übungen aber auf einer rein mechanischen Stufe ausführen, wird auch das Ergebnis mechanischer Natur sein. Um also in der Levitation einen vollen Erfolg zu erzielen, muss der fortgeschrittene Schüler lernen, *Prana* mit seinem Willen zu steuern.

Diese Steuerung nennt man »Geist über Materie« oder »Psychokinese«. Sie ist möglich, da *Prana* nicht nur Geist steuert; *Prana* ist Geist. Es gibt eine Abhandlung eines tibetischen Yogi mit dem Titel »On the Identity of Mind and Prana« (Über die wahre Natur von Geist und Prana), in der diese Tatsache ausführlich behandelt wird. Im »Hatha Yoga Pradipika«, einer anderen Yoga-Abhandlung, steht zu lesen:

»Geist und Atem sind vereint wie Milch und Wasser, und beide gleichen sich in ihren Aktivitäten. Der Geist beginnt aktiv zu werden, wo Atem ist, und Atem beginnt aktiv zu werden, wo Geist ist.«

Evans-Wentz erklärt das Wort *Prana* exoterisch mit »Luft, Atem, Energie, Wind, Vitalität, Neigung«. Im esoterischen Sinne jedoch steht es für eine immaterielle Lebensenergie in der Luft, die von den materiellen Bestandteilen der Luft zu unterscheiden ist und die der Mensch sich beim Atmen einverleibt.

Diese Vorstellung finden wir nicht nur bei Yogis. In den »Orphic Hymns« (Gesänge des Orpheus) aus Griechenland lesen wir, dass »die Seele, geboren hoch oben in den Winden, aus dem Ganzen kommt, wenn man atmet«.[11] Die Griechen wie auch andere alte Völker glaubten, eine Jungfrau könne allein durch den Wind geschwängert werden – so große Bedeutung maß man seiner Verbindung mit Geist und Seele zu –, und so wurden Götter und Helden gezeugt.

Jung betont, dass die Griechen für den Wind zwei Wörter kannten. Eines, nämlich *Pneuma*, bedeutet auch »Geist« (Mind) und ist praktisch identisch mit den lateinischen Wörtern *Animus* und *Anima*, die »Geist« (Spirit) und »Seele« bedeuten. Im Althochdeutschen wird der lateinische Begriff *Spiritus sanctus*, was »Heiliger Geist« bedeutet, mit *Atum* wiedergegeben, was so viel heißt wie »Atem«. Ähnlich bedeutet das arabische Wort Rih »Wind«, ruh aber heißt »Seele«. Kehren wir wieder zum Griechischen zurück. Dort haben wir das Wort *Psyche* in der Bedeutung »Seele«; es ist aber auch verwandt mit den Wörtern *Psychein*, »atmen«, und *Physa*, »der Blasebalg«.[12]

Nach Jungs Meinung »zeigen diese Verbindungen deutlich, wie die lateinischen, griechischen und arabischen Bezeichnungen für die Seele mit der Vorstellung der Bewegung von Luft, dem ›kalten Hauch des Geistes‹ zusammenhängen. Vielleicht aus diesem Grunde stattet die primitive Sichtweise die Seele mit einem unsichtbaren ›Atem-Körper‹ aus«.[13]

Dieser »unsichtbare Atem-Körper« wurde später unter der Bezeichnung Astralleib bekannt, weil die Bewegungen der Sterne Einfluss auf ihn ausüben. Er unterliegt aber auch dem Einfluss von *Prana*. Diese Tatsache ist nicht nur interessant, sondern auch nützlich und leicht nachweisbar.

Denken wir nur einmal daran, wie unterschiedlich die Menschen in den verschiedenen Geisteszuständen atmen. Jemand, der gerade ein gutes Buch liest, atmet anders als jemand, der gerade sexuellen Verkehr genießt: Der Leser des Buches atmet nämlich ruhig und ziemlich langsam – typisch für tiefe Konzentration –, während derjenige, der sich gerade dem Sex hingibt, tief und rasch atmet. Auch für alle anderen Geisteszustände gibt es verschiedene Arten zu atmen.

Die Yogis sagen, wenn ein Mensch zornig, erschreckt, verliebt, konzentriert oder Ähnliches ist, dann steigt das *Prana* des Zornes, der Angst, der Liebe, der Konzentration an. Für jeden Geisteszustand gibt es einen entsprechenden Zustand von *Prana*, und im Augenblick der Erleuchtung, wenn der Yogi in den Zustand des Samadhi eintritt, erfolgt eine radikale Transformation von *Prana*, die sich aus der entsprechenden radikalen Umformung des Geistes ergibt.

Alexander Cannon, Autor von »The Invisible Influence«, erfand eine Vorrichtung, das sogenannte »Cannon-Psychometer«, das er zur Bestimmung des Geisteszustandes einer Person verwandte, indem er den Zustand des Atems maß. Die Vorrichtung wurde benutzt, um zu bestimmen, wann eine Person den idealen Zustand für telepathische Experimente erreichte. Man konnte aber auch andere Geisteszustände damit erkennen.

Zum Beispiel konnte man feststellen, wie relativ erregbar eine bestimmte Person war. Nach Mr. Ernest Wood atmet der Mensch durchschnittlich zwölf- bis zwanzigmal pro Minute, und je häufiger er atmet – also je mehr Atemzüge er pro Minute macht –, desto erregbarer ist er. Mr. Wood überträgt diese Vorstellung sogar auf Tiere. Eine Henne, so sagt er, atmet durchschnittlich dreißigmal pro Minute, eine Ente dagegen nur zwanzigmal. Das erklärt, weshalb Enten und Hühner erregbarer sind als der Mensch, und eine Henne erregbarer ist als eine Ente. Ein Affe, so Mr. Wood, atmet durchschnittlich dreißigmal je Minute, ein Hund achtundzwanzigmal, eine Katze vierundzwanzigmal, ein Pferd sechzehnmal und eine Schildkröte dreimal.

Bei näherer Betrachtung stellen Sie vielleicht fest, dass die relative Erregbarkeit in engem Zusammenhang steht mit relativer Langlebigkeit. Die Lebensspanne eines Hundes ist kürzer als die einer Katze, und die Schildkröte, die am langsamsten atmet, ist eines der langlebigsten Tiere.

Dieses Prinzip gilt auch für den Menschen. Hinduistische Yogis sagen, dass jedem Menschen von seinem

Karma eine bestimmte Anzahl an Atemzügen gewährt wird. Wenn diese Anzahl verbraucht ist, stirbt der Mensch. Nun behaupten die Yogis, dass der Mensch durchschnittlich fünfzehn Atemzüge pro Minute macht, was genau 21.600 Atemzüge für einen Vierundzwanzig-Stunden-Tag ergibt. Wenn man nun seinen Atem irgendwie verlangsamen könnte, dann könnte man seine Lebenserwartung steigen.

Ohne Anwendung spezieller Techniken könnte das schwierig sein, doch etwas in dieser Art geschieht während der Meditation. Mr. Wood meint, dass in der Meditation der Atem eines Menschen auf durchschnittlich sechs Atemzüge je Minute herabgesetzt wird.

In einem früheren Experiment mit TM-Meditierenden, das am 27. März 1970 in »Science« veröffentlicht wurde, berichtete Dr. Keith Robert Wallace fast das gleiche. Zusammengefasst sagt er, eine Person, die etwa fünf Stunden schläft, reduziert normalerweise die Sauerstoffaufnahme (ein guter Maßstab für die Zahl der Atemzüge) um zehn bis zwölf Prozent. TM-Meditierende jedoch, die lediglich einige Minuten meditiert haben, reduzieren ihre Sauerstoffaufnahme um immerhin sechzehn bis achtzehn Prozent. Das brachte Dr. Wallace zu dem Ausspruch, der in der Welt der Meditationsforschung schon fast zum geflügelten Wort wurde, dass TM einen Zustand hervorruft, in dem der Körper auf »Sparflamme« arbeitet, aber dennoch hellwach

ist. Oder, wie ein TM-Meditierender es mir gegenüber aus-
drückte: TM »führt einen tiefer hinab als der tiefste Schlaf«.

Ihr Geisteszustand kann auch beeinflussen, wie Sie
durch beide Nasenlöcher atmen. Und damit verbinden wir
die Wissenschaft vom Atmen mit praktischem yogischen
Geheimwissen. Im vorangegangenen Kapitel habe ich eine
abgewandelte Atemtechnik vorgestellt. Da schien es noch
ein wenig gekünstelt zu sein, ein Nasenloch zuzuhalten
und nur durch das andere zu atmen; in Wirklichkeit tun wir
das jedoch ständig, ohne uns dessen bewusst zu sein.

Die Yogis sagen, das linke Nasenloch ist der Kanal für
den Mondatem, das rechte Nasenloch ist der Kanal für
den Sonnenatem. So entsteht der Name *Hatha Yoga*, *Ha-
Tha*, was wörtlich übersetzt »Sonne-Mond« bedeutet. Der
Sonnenatem stellt das Positive, Männliche, Warme dar,
während der Mondatem die negative, weibliche und kalte
Seite repräsentiert. Der Sonnenatem wird traditionsgemäß
mit dem rechten Stamm des sympathischen Nervensystems
über eine psychische Nervenbahn, einem *Nadi*, verbunden;
das Gleiche gilt für den Mondatem. Er wird mit dem linken
Stamm des sympathischen Nervensystems über einen anderen *Nadi* verbunden. Diese beiden Stämme, der rechte
und der linke, befinden sich im physischen Körper rechts
bzw. links von der Wirbelsäule und sind als *Pingala* und
Ida bekannt.

Das ist nun bedeutsam, denn immer ist entweder der Mondatem oder der Sonnenatem dominant, was bedeutet, dass wir stärker durch das rechte Nasenloch atmen als durch das linke oder umgekehrt. Das Nasenloch, durch das Sie stärker einatmen, heißt im Yoga das dominierende Nasenloch, und es ändert sich alle zwei Stunden mit bestimmten Strömungen auf den subtileren Ebenen.

Wechselt der Rhythmus nicht alle zwei Stunden, kann eine Krankheit im Anzug sein. Bleibt das dominierende Nasenloch einen ganzen Tag lang gleich, ist die Krankheit gewiss. Bleibt es sogar mehrere Tage lang gleich, dann handelt es sich um eine ernste Krankheit.

Das Prinzip ist auch anwendbar, wenn ein Paar ein Kind plant. Atmen im Augenblick der Empfängnis beide Partner durch das rechte Nasenloch, wird das Kind bestimmt ein Junge; atmen beide durch das linke Nasenloch, wird es sicher ein Mädchen. Atmet aber der Mann durch das eine Nasenloch und die Frau durch das andere, kann es entweder ein Junge oder ein Mädchen werden.

Wenn Sie wieder einmal einen Freund besuchen und Sie wissen nicht, ob er zu Hause ist, dann legen Sie die Fingerspitzen unter die Nasenlöcher und atmen Sie normal. Ist Ihr rechtes Nasenloch dominant, dann ist Ihr Freund zu Hause. Ist das linke Nasenloch vorherrschend, wird Ihr Freund nicht zu Hause sein. Das Gleiche gilt auch für alles andere, was mit dem Element der Wahrscheinlichkeit zu tun hat. Die Yogis sagen nämlich, wenn das rechte Nasenloch vorherrscht, dann gelingt ein Vorhaben; ist jedoch das linke dominant, dann wird es erfolglos sein.

Die Nasenlöcher sind auch betroffen beim Singen bestimmter Mantras. Wenn Sie das Mantra AUM laut intonieren und den letzten Ton hinausziehen, werden Sie feststellen, dass Ihr Atem durch das linke Nasenloch heftiger strömt als durch das rechte. Das liegt daran, dass das M den weiblichen Einfluss darstellt und auf subtileren Ebenen dem Mondatem entspricht. Dr. H. Spencer Lewis, der in einem Zeitschriftenartikel darauf hinweist, fügt hinzu, dass »die richtige Anwendung von Klang die voneinander unabhängige Kontrolle der beiden Nasenlöcher mit einschließt«. Er fährt fort, dass »wir alle auf verschiedene Weise durch die Nasenlöcher atmen, je nach unserem seelischen, körperlichen und geistigen Zustand und dem Einfluss der Planeten auf unseren Seelenkörper«.

Rama Prasad, der das Thema der yogischen Wissenschaft vom Atem in »Nature's Finer Forces« ausführlich behandelt, meint, dass das linke Nasenloch astrologisch den Sternbildern Stier, Krebs, Jungfrau, Skorpion, Steinbock und den Fischen zugeordnet wird. Das rechte Nasenloch wird mit den Sternbildern Widder, Zwillinge,

Löwe, Waage, Schütze und Wassermann verbunden. Alle Planeten beeinflussen die Art und Weise, wie wir durch die Nasenlöcher atmen – ja, der Astralleib erhielt seinen Namen sogar ursprünglich deshalb, weil man glaubte, dass er von den Planeten beeinflusst würde; der wichtigste Planet ist der am nächsten liegende – der Mond.

So scheint es nur angemessen, dass der »Mondatem« vom Mond am Himmel beeinflusst wird, und es ist daher auch nicht überraschend, dass der Mondatem bei zunehmendem Mond stärker ist als bei abnehmendem Mond.

Die Yogis sagen, dass der Mondatem bei Sonnenaufgang am ersten Tag des zunehmenden Mondes dominant ist und danach das dominante Nasenloch alle zwei Stunden wechselt. Das linke Nasenloch ist auch am zweiten und dritten Tag der erste Phase bei Sonnenaufgang dominant, am vierten Tag jedoch ändert sich dieses Muster. Am vierten, fünften und sechsten Tag ist bei Sonnenaufgang der Sonnenatem vorherrschend, der sich dann ab dem siebten Tag wieder mit dem Mondatem abwechselt und so fort den ganzen Mondmonat hindurch.

Wenn am ersten Tag der abnehmenden Mondphase der Mond abzunehmen beginnt, dann nimmt auch der Mond im Körper ab, und am ersten Tag nach Vollmond stellen wir fest, dass nun der Sonnenatem vorherrschend ist.

Sämtliche astralen Einflüsse können durch den Zustand des Geistes, der jedoch noch anderen als astralen Einflüssen unterliegt, neutralisiert werden. Wenn nun also der Sonnenatem zu einem Zeitpunkt nicht dominant ist, an dem er es gemäß den astrologischen Einflüssen sein sollte, dann wirkt sich ein bestimmter Geisteszustand störend auf diesen natürlichen Ablauf aus. Idealerweise sollte so etwas nie vorkommen. In dem Maße, wie Sie nicht mehr dem Rhythmus der Natur folgen, gerät auch Ihr Geist aus dem Gleichklang, es sei denn, Sie sind Adept. In diesem Falle regeln Sie Ihren Atem durch eines der beiden Nasenlöcher, und zwar, ohne die Finger zu benutzen, nur durch Ihren Willen.

Allein durch den Willen können Sie auch lernen, die Kraft des *Prana* außerhalb Ihres Körpers zu steuern. Yogis haben mit diesem Effekt einige seltsame Experimente durchgeführt, indem sie ihr *Prana* zur Heilung einer kranken Person über eine bestimmte Entfernung schickten. Sie »luden« eine Schüssel mit Wasser mit der Energie, bevor sie es tranken, wobei sie *Prana* sogar auf unbelebte Materie lenkten, um sie mit Leben und Bewusstsein zu erfüllen. Wie bereits gesagt, wird *Prana* auch mit Levitation in Verbindung gebracht, und da man *Prana* seinem Willen unterwerfen kann, ist es auch nicht verwunderlich, dass einige Menschen gelernt haben, sich allein kraft ihres Willens in die Luft zu erheben.

Einer von ihnen ist Mikhail Drogzenovich, ein bulgarischer Bauer aus Stara Zagora. Laut einer osteuropäischen Zeitung, die von Lynn Schoeder und Sheila Ostrander in »Psychic Discoveries Behind the Iron Curtain« zitiert wird, verbreitete sich Mikhails Ruf als Levitierender über die Grenzen seiner Heimatstadt hinaus, und verschiedene Wissenschaftler suchten ihn auf seinem Hof auf, um einer Demonstration beizuwohnen. Er führte sie auf eine Lichtung auf einem seiner Felder, setzte sich und schloss konzentriert die Augen. Sein Publikum beobachtete verblüfft, wie er begann, vom Boden aufzusteigen und langsam emporzuschweben, bis er in gut einem Meter Höhe anhielt. Dort verblieb er zehn Minuten, und in dieser Zeit vergewisserten sich seine Gäste, dass keinerlei Tricks angewandt wurden. Dann schwebte er wieder zu Boden. Als man ihn fragte, wie er dies gemacht habe, antwortete er lediglich: »Durch die Kraft meines Willens.«

In den meisten Fällen ist die Levitation jedoch weitaus geringfügiger. In »The Wisdom of the Mystic Masters« berichtet Joseph Weed von einer Frau, die er auf einem amerikanischen Rummelplatz gesehen hatte und die zu einer minimalen Levitation fähig war. Zunächst stellte sie sich auf eine Waage und bewies dem Publikum, dass sie einhundertvierzig Pfund wog. Dann trat sie in eine, wie Weed es beschrieb, »korbähnliche Vorrichtung mit einem Griff oben« und fordert einige der Zuhörer auf, sie hochzuheben.

»Zu meiner Überraschung konnte ich sie ganz leicht mit einer Hand heben«, schrieb Weed, »doch auf der Waage ließ der Anschlag des Zeigers erkennen, dass die angezeigten einhundertvierzig Pfund korrekt waren. Sie konnte also im reduzierten Rahmen levitieren.«

Als Weed die Frau fragte, wie sie das vollbracht habe, konnte sie nur antworten, dass schon ihre Mutter es gekonnt habe, und sie könne es auch. »Man kann sich hier leichter fühlen«, meinte sie und legte dabei die Hand auf die Zwerchfellgegend. Sie war nie in der Lage gewesen, sich wirklich in die Luft zu erheben, aber zuweilen fühlte sie sich extrem leicht, vor allem in der Kinderzeit, und wenn sie fiel, dann immer ohne Aufschlag. »Ich ... schwebte immer sanft zu Boden, wie eine Feder.«

Etwas ganz Ähnliches wird in China von der Kung-Fu-Meistern gepflegt. Dort nennt man es Ch‹in Kung oder leichten Gang. Nach Michael Minick, der darüber in »The Wisdom of Kung-Fu« schreibt, gibt es dafür verschiedene Übungspläne. Bei einem geht der Könner auf dem Rand eines großen, mit Wasser gefüllten Gefäßes entlang. Wenn er lernt, das Gleichgewicht zu halten, wird das Gefäß jeweils in kleinen Mengen entleert. Nach etwa einem Jahr der Übung kann er leicht auf dem Rand eines vollkommen leeren Gefäßes entlanggehen, ohne ihn umzuwerfen.

Bei einer anderen Technik geht der Könner über sehr dünnes Papier, das auf losem Sand liegt. Das Ziel ist, über das Papier zu gehen, ohne Fußabdrücke zu hinterlassen. Ch‹in Kung-Meister wie Yang Lu-ch‹an sollen über frisch gefallenen Schnee laufen können, ohne Spuren zu hinterlassen.

In »The Psychic Side of Sports« deuten Michael Murphy und Rhen A. White an, dass bei manchen sportlichen Ereignissen für kurze Zeit »der Sportler wortwörtlich in der Lage ist, in der Luft zu schweben«. »Vor allem Basketballspieler und Tänzer demonstrieren diese erstaunliche Fähigkeit.«

Tatsächlich scheinen einige Balletttänzer diese Fähigkeit zu haben, allen voran ein russischer Tänzer namens Nijinsky. Nandor Fodor behauptet beharrlich, dass Nijinsky manche seiner hohen Sprünge und manch langsames Herabsinken, die seinem Publikum so vertraut waren, nur mithilfe von Levitation bis zu einem gewissen Grad schaffen konnte. Seine Entwicklung verlief zweifellos unbewusst – sie war das Ergebnis jahrelanger, unzähliger

Versuche, seine Bewegungen zu kontrollieren, während er in der Luft schwebte. Doch das beweist den eigentlichen Punkt – dass bereits der Wille allein zumindest die teilweise Fähigkeit zur Levitation hervorrufen kann.

Wenn nun der Geist benutzt wird, um *Prana* zu kontrollieren, und *Prana* Geist ist, dann kontrollieren wir in der Tat unseren Geist mit dem Geist, also der Gedankenkraft. Das erzeugt eine Veränderung unseres Bewusstseinszustandes, was wiederum bedeutet, dass Levitation nie im gewöhnlichen Bewusstseinszustand durchgeführt wird.

Um zu verstehen, wie das funktioniert, müssen wir wieder in den alten Yoga-Büchern blättern. Die Yogis unterscheiden fünf Bewusstseinszustände. Der erste ist das normale Wachbewusstsein, in dem Sie sich jetzt befinden, während Sie dieses Buch lesen. Der zweite ist das Traumbewusstsein oder der Schlaf mit Träumen. Es unterscheidet sich vom Wachbewusstsein und auch vom dritten Bewusstseinszustand, dem traumlosen Schlaf. Jenseits des traumlosen Schlafes liegt der »kataleptische Zustand«, und jenseits davon befindet sich, was in den Upanishaden »undifferenziertes Bewusstsein der Glückseligkeit« genannt wird.

Dieses System existiert in verschiedenen Varianten. Einige Fachleute erkennen nur vier Bewusstseinszustände an; sie übergehen den sogenannten »kataleptischen Zustand«. Gelegentlich weicht auch die Terminologie ab. Der Maharishi Mahesh Yogi beispielsweise spricht vom »undifferenzierten Bewusstsein der Glückseligkeit« als vom »transzendentalen Bewusstsein« (TB). Darüber hinaus postuliert er das Vorhandensein von drei weiteren Bewusstseinszuständen jenseits des TB: das kosmische Bewusstsein, das Gottesbewusstsein und das Bewusstsein der Einheit. Einige von Maharishis früheren Anhängern berichten, dass er seinen vertrautesten Schülern sogar noch einen weiter fortgeschrittenen Bewusstseinszustand enthüllt, den er Brahmanbewusstsein nennt. Doch hinsichtlich der ersten vier beziehungsweise fünf Bewusstseinszustände herrscht gemeinhin Übereinstimmung.[14]

In jedem dieser Zustände soll der Mensch sich in einem anderen »Körper« manifestieren. Nun ist zwar klar, dass die Vorstellung, der Mensch könne mehr als einen Körper haben, eigentümlich anmutet, doch sie ist ein Teil der traditionellen Yoga-Theorie, und einige dieser »Körper« können sogar als tatsächlich existierend nachgewiesen werden.

Im allgemeinen Wachbewusstsein manifestiert sich der Mensch in einem physischen Körper, der im Sanskrit *Sthula Sharira* genannt wird. Im Traumbewusstsein manifestiert er sich im »subtilen« oder »Charakter«-Körper –

westliche Okkultisten nennen ihn Astralleib. Die Sanskritbezeichnung lautet hierfür *Linga Sharira*, der aus drei »Schichten« oder subtilen Prinzipien besteht: *Jiva*, die Lebenskraft, *Manas*, der Geist, und *Buddhi*, der Intellekt. Ebenso wird der traumlose Schlaf in Verbindung gebracht mit der Schicht *Jivatman*, dem spirituellen oder Kausalkörper (*Karana Sharira*). Außerdem äußert sich in jedem dieser Bewusstseinszustände eine andere Art der Atmung. In den verschiedenen Bewusstseinszuständen atmet man ja jeweils auf andere Art und Weise, wie bereits erwähnt; und das führt uns zu dem wirklich praktischen Geheimnis von *Pranayama*.

Die Yogis sagen, dass jeder von uns täglich jeden der genannten Zustände erfährt, doch die meisten Menschen nehmen die tiefer gehenden Erfahrungen nicht wahr, denn um den Zustand reinen Bewusstseins zu erreichen, muss man zuerst die Unbewusstheit, oder den Tiefschlaf, durchlaufen. Bei der Ausübung von *Pranayama*, wobei die Atmung sich allmählich verlangsamt, kann man willkürlich seinen Bewusstseinszustand verändern und dabei alle Zustände willentlich und im Vollbesitz der bewussten Kräfte erfahren. Das ist zunächst nicht einfach. Wenn Sie den Atemrhythmus erreichen, der zum Tiefschlaf gehört, werden Sie anfangs vielleicht eindösen. Wenn Sie aber im *Asana* sitzen und die Übung gewissenhaft durchführen, dann werden Sie mit der Zeit die gewünschten Ergebnisse erzielen.

Hier muss ich wieder eine Warnung aussprechen. *Pranayama* ist die Technik, derer sich bestimmte Fakire im Fernen Osten bedienen, um sich in einen Zustand zu versetzen, in dem sie die Körperfunktionen vorübergehend einstellen. Diese Menschen verlangsamen Atmung und Herzschlag so lange, bis beides aufhört. Sie »sterben« nicht direkt, da der Vorgang so allmählich vonstattengeht, dass kein körperlicher Schaden entsteht. Durch Anwendung geheimer Verfahren kann der Helfer des Fakirs ihn wieder zu vollem Bewusstsein bringen. In der Zwischenzeit macht er außergewöhnliche Erfahrungen auf den Inneren Ebenen. Auf diese Weise haben einzelne Menschen wie Tahra Bey es geschafft, lebendig begraben zu werden. Ich warne Sie eindringlich davor, dies selbst zu versuchen. Es handelt sich hierbei um eine äußerst fortgeschrittene Übung, die unter keinen Umständen jemals ohne einen kundigen Helfer durchgeführt werden darf, der gegebenenfalls medizinische Hilfe leisten kann.

Während meines Aufenthaltes in San Francisco im Jahre 1972 waren die Zeitungen voll von Geschichten über einen Mann in New Jersey, der töricht genug gewesen war, das Experiment der eingestellten Atmung allein zu versuchen. Sein Tagebuch zeigte auf, dass er sich dieser Übung über Monate hinweg annäherte, um eine »Astro-Projektion« (sic!) zu erreichen, doch niemand war da, der ihm geholfen hätte, in seinen physischen Leib zurückzukehren, bis es zu spät war. Sein Ausflug zu den Inneren Ebenen wurde eine Reise ohne Wiederkehr.

Wenn Sie aber ein wenig gesunden Menschenverstand walten lassen, gibt es keine Gefahr. Man kann nicht zufällig in den Zustand der aufgehobenen Atmung verfallen; und für unsere Zwecke ist etwas so Extremes nicht notwendig.

Das *Sivagama*, ein altes Yoga-Buch, aus dem Rama Prasad in seinem »Nature's Finer Forces« zitiert, bemüht sich, die entsprechenden *Prana*-Konditionen der verschiedenen Menschentypen und Bewusstseinszustände aufzuzeigen. Einen normalen Menschen, der ruhig dasitzt, umgibt die Aura, eine Manifestation des *Prana*, in einem Ausmaß von etwa zwanzig Zentimeter. Beim Essen oder beim Sprechen erhöht sich die Aura auf etwa dreißig Zentimeter, beim Laufen auf etwa vierzig Zentimeter, beim Rennen auf circa fünfundfünfzig Zentimeter, beim Sex auf hundert Zentimeter und beim Schlafen auf etwa einhundertachtzig Zentimeter.

Diese Abstände kann man entweder durch Aktivität oder durch Yoga verändern. Wenn man tief Luft holt, das heißt also, wenn man *Puraka* durchführt, verringert sich der Umfang um etwa drei Zentimeter. Wenn also ein normaler Mensch tief einatmet, vermindert sich die Ausdehnung seines *Prana* von zwanzig auf siebzehn Zentimeter. Je mehr sich diese verringert, desto mehr entfernt sich der Mensch von seiner Gewöhnlichkeit.

Im *Sivagama* heißt es, ein Mensch, der frei von allen Wünschen ist, habe eine Aura von etwa siebzehn Zentimeter, also einer weniger als beim »gewöhnlichen« Menschen. Ein stets freundlicher und gutgelaunter Mensch zeigt eine Aura von fünf Zentimeter, ein Dichter von dreizehn, ein großer Redner von zwölf. Die Aura eines Sehers, das heißt ein Mensch, der die Gabe des Zweiten Gesichts besitzt, umkreist dessen Körper etwa zehn Zentimeter, während sie bei einem Levitierendern neun Zentimeter hat.

Wenn sich die noch weiter verringert, werden die Ergebnisse immer ungewöhnlicher. Ein Mensch mit einem Energiefeld von nur acht Zentimetern ist übernatürlich schnell, mit sechs manifestiert man die Acht *Siddhis*, mit fünf die Neun *Nidhis* und so weiter. Mir ist bewusst, dass dies kein perfektes System darstellt, aber es vermittelt Ihnen eine gewisse Vorstellung davon, auf welcher Stufe Sie bei der Levitation stehen. Wenn Sie ein Dichter oder ein verkappter Demosthenes sind, werden Sie es leichter haben als ein Mensch, der lediglich freundlich ist. Und wenn Sie das Zweite Gesicht haben, dann haben Sie es fast geschafft.

Bevor ich nun dieses Kapitel abschließe, beschreibe ich Ihnen ein recht einfaches Experiment, mit dem Sie sich selbst die Richtigkeit einiger der hier besprochenen Prinzipien beweisen können. Ich vermittle Ihnen keine Lektion in Levitation, denn das habe ich dem Kapitel acht vorbehalten. Das nachfolgende Experiment zeigt Ihnen aber die Wechselbeziehung zwischen Geisteskraft und *Prana* auf.

Das Experiment wird im Aikido-Unterricht zu genau diesem Zweck angewandt und ist so einfach, dass es jedem beim ersten Anlauf gelingen kann. Es heißt »der sich aufrichtende Arm«. Sie benötigen dafür einen Helfer.

Idealerweise sollte Ihr Helfer vom gleichen Geschlecht sein wie Sie und etwa dieselbe Größe und Körperkraft besitzen. Stellen Sie sich Ihrem Helfer von Angesicht zu Angesicht gegenüber und strecken Sie den rechten Arm aus, wobei Ihre Handfläche nach oben zeigt und das Handgelenk auf der linken Schulter des Helfers liegt. Bitten Sie nun Ihren Helfer, mit beiden Händen zu versuchen, Ihren Arm abzubiegen. Sie werden dabei feststellen, dass Sie, wenn Sie den Arm in dieser Weise ausgestreckt halten, kaum eine Hebelkraft entgegensetzen können, und Ihr Helfer Ihren Arm ganz leicht beugen kann trotz Ihrer Anstrengungen, den Arm gerade zu halten. Probieren Sie dies zwei-, dreimal, um sich zu beweisen, dass Sie in dieser Position einfach nicht die Kraft haben, den Arm gerade zu halten, wenn Ihr Helfer versucht, ihn zu beugen. (Sollten Sie den Arm doch gerade halten können, dann haben Sie und Ihr Helfer unterschiedliche Körperkraft – suchen Sie sich einen anderen Helfer!)

Wenn Sie also die Effektivität Ihrer Hebelwirkung geprüft haben, dann versuchen Sie bitte noch einmal, Ihren Arm gerade zu halten, nur diesmal wenden Sie *Prana* anstatt Muskelkraft. Nehmen Sie das Handgelenk von der Schulter Ihres Helfers und entspannen Sie den Arm so gut wie möglich, dann legen Sie ihn wieder in die gewünschte Stellung. Strecken Sie die Finger aus, schließen Sie die Augen und stellen Sie sich einen goldenen Strom von *Prana* vor, der Ihren Arm durchfließt, durch die Finger und dann hinaus in den Raum hinein in die Visualisation schießt. Bitten Sie Ihren Helfer nun, wieder zu versuchen, Ihren Arm zu beugen. Er wird absolut nicht in der Lage dazu sein. Diese Kraft kann freigesetzt werden, indem man einfache Visualisierungstechniken anwendet, um *Prana* zu steuern.

Als Nächstes werden Sie etwas über andere Kräfte erfahren.

– Kapitel 7 –

Sanyama

Wenn *Prana* Geist und Geist *Prana* ist, dann kontrolliert *Prana* den Geist und der Geist kontrolliert *Prana*. Das legt nahe, dass mancher Nutzen des *Pranayama* auf nicht mechanische Weise erlangt werden kann.

Die Yogis sagen, dass jede Bewegung von *Prana*, wie sachte sie auch immer sein mag, eine entsprechende Bewegung im Geist nach sich zieht. Selbst wenn diese Bewegung nicht wahrnehmbar sein mag, so ist sie doch da; und sie stellt ein Hindernis bei der yogischen Konzentration dar.

Hauptsächlich aus diesem Grund wurde *Pranayama* entwickelt – als Konzentrationshilfe. Statt das Problem der Konzentration frontal anzugehen, indem der Geist dazu gezwungen wird, überlisten die Yogis den Geist, womit sie dasselbe Ergebnis wesentlich wirkungsvoller und müheloser erreichen.

Wenn wir nun *Siddhis* ausführen, dann machen wir etwas Ähnliches. Wir versuchen nicht, die *Siddhis* zu zwingen, sich zu manifestieren. Wir schaffen nur die richtigen Bedingungen und behalten den Wunsch in unserem Geist, dass sich dieses oder jenes *Siddhi* manifestieren möge.

Bei der Levitation bedeutet dies: Schaffen der richtigen Bedingungen, um *Pranayama* auszuführen, und das wiederum heißt, den Atem anzuhalten.

Dann halten wir den Atem an, jedoch ohne *Pranayama* auszuführen, und dabei konzentrieren wir den Geist, aber ohne ihn zu zwingen. Wir wenden dann eine weitere List an, die in einer Yogi-Abhandlung beschrieben wird und in der Übersetzung von Evans-Wentz in »Tibetan Yoga and Secret Doctrines« lautet:

»Für gewöhnlich wird der Intellekt von den Sinnen gelenkt, in der Hauptsache vom Gesichtssinn.«

Wenn man die Sinne festhält, hält man den Geist fest und damit wiederum den Atem. Es gibt zwei Wege, die Sinne festzuhalten, einen inneren und einen äußeren. Wir werden beide betrachten.

Der innere Weg heißt *Pratyahara*, das bedeutet »Zurückziehen der Sinne«. Er wird in »The Yoga Sutras« von *Patanjali* (ausgesprochen Pah-tah-nschälli mit Betonung auf der zweiten Silbe) erwähnt und stellt eins der Acht Elemente des Yoga dar.

Er ist eine der am häufigsten missverstandenen Techniken des yogischen Okkultismus. Verschiedene Autoren sagen uns, wie man die Sinne vertreibt, beziehungsweise wir sollen uns zwingen, sie nicht zu beachten, aber das ist abwegig. Haben Sie jemals versucht, den Lärm eines Güterzuges auszuschließen? Wenn Ihnen je eine gewaltsame Zwangstechnik in Verbindung mit Yoga und dem Geist unterkommt, können Sie sicher sein, dass der Autor nicht genug über die Techniken weiß, die er beschreibt. Rohe Gewalt kann nicht mit dem Geist zusammenarbeiten, und deshalb wenden kundige Yogis sie auch nicht an.

Pratyahara ist eher eine Bedingung als eine Technik, die eintritt, nachdem Sie eine Zeit lang meditiert haben. Sie kann auch aus *Pranayama* entstehen. Die *Siva Samhita* sagt dazu:

»Wenn [der Yogi] die Kraft hat, den Atem drei Stunden lang anzuhalten, dann erreicht er sicher den wundervollen Zustand von *Pratyahar* ohne Mühe.«

Ich habe festgestellt, dass man gewöhnlich nicht mehr als fünfundvierzig Minuten benötigt, doch es gibt von Person zu Person Unterschiede; und die in der *Siva Samhita* erwähnten drei Stunden sind sicher begründet. Wer so lange meditiert, befindet sich bestimmt in *Pratyahara*.

Um das herauszufinden, setzen Sie sich im ganzen Lotus auf den Boden und stellen einen Wecker auf einen niedrigen Tisch, damit er möglichst nah dem Ohr ist, während Sie meditieren. Stellen Sie den Wecker auf eine dreiviertel bis eine ganze Stunde später, dann schließen Sie die Augen und beginnen mit *Japa*. Nehmen Sie das Mantra, das Sie in Kapitel drei für sich ausgewählt haben, und meditieren Sie, bis der Wecker klingelt.

Wenn Sie bis zur Weckzeit in *Pratyahara* eingetreten sind, werden Sie den Wecker vielleicht nicht hören, oder so weit entfernt, als stünde die Uhr am anderen Ende eines kilometerlangen Tunnels. Wenn Sie bei Beginn der Meditation nicht erwartet hatten, den Wecker zu hören, dann hat Ihr Geist das Geräusch gänzlich ausgeschlossen.

Ich erinnere mich an eine Gruppenmeditation, an der ich im Jahr 1972 teilnahm. Es war Herbst, überall lag Laub auf dem Boden, und als die Gruppe bereits fünfundvierzig Minuten lang meditierte, begannen die Hausmeister draußen vor dem Gebäude mit einem Motorsaugwagen die Blätter zu entfernen. Dieser machte einen Lärm wie ein wütender Dinosaurier oder eine Concorde beim Start. Doch niemand im Raum nahm es wahr. Dabei versuchten wir nicht mit Gewalt, das Geräusch aus unserem Geist auszuschließen, sondern wir waren uns gar nicht bewusst, dass es ein Geräusch auszuschließen gab. Wir befanden uns in *Pratyahara*.

Eben wegen *Pratyahara* sollten Sie sich ganz bequem hinsetzen, wenn Sie mit einer langen Meditation beginnen. Die Beine könnten Ihnen einschlafen, und Ihr Rücken könnte Sie umbringen, denn wenn Sie sich erst einmal in *Pratyahara* befinden, sind Sie taub für alles, was Ihr Körper Ihnen mitteilt. Als ich aus *Pratyahara* auftauchte, wünschte ich, es wäre nicht geschehen. Manche Menschen befinden sich so tief in diesem Zustand, dass sie schwere Schmerzen aushalten können, ohne zu leiden. Es gibt Erzählungen von großen Yogis, die auf diese Art und Weise ihrem eigenen Tod entgegengingen.

Um verständlich zu machen, wie das alles möglich und warum es wichtig ist, schweife ich einen Augenblick ab und erzähle Ihnen etwas über die Struktur des Geistes. In seinem Artikel über *Pranayama* gibt Swami Vivekananda die klassische Yoga-Erklärung:

»Der Geist ist wie der Ozean, in dem sich eine Woge erhebt, doch obgleich der Mensch die Woge sieht, weiß er nicht, woher sie kommt, wo sie geboren ist, noch wohin sie geht und sich wieder auflöst; er kann ihre Spur nicht sehen. Aber wenn unsere Wahrnehmung feiner wird, können wir die Spur dieser Woge erkennen, lange bevor sie auftaucht, und wir werden sie noch lange sehen können, wenn sie wieder verschwunden ist.«

Der Maharishi Mahesh Yogi sagt nahezu das Gleiche in seinem Buch »The Science of Being and Art of Living«, nur vergleicht er die Gedanken nicht mit Wogen, sondern mit Blasen.

»Ein Gedanke nimmt auf den tiefsten Ebenen des Bewusstseins Gestalt an, durchmisst die ganze Tiefe des Ozeans des Geistes und taucht schließlich als bewusster Gedanke an der Oberfläche auf. Wir stellen also fest, dass jeder Gedanke die ganze Skala der Tiefe des Bewusstseins berührt, von uns aber erst erkannt wird, wenn er die bewusste Stufe erreicht hat.«[15]

Bei der Meditation beginnen wir mit einem Gedanken und versuchen, in die Tiefen des Meeres des Geistes einzutauchen; dabei bleiben wir bei unserem Gedanken und erfahren ihn auf immer tieferen Stufen, bis wir den Punkt überschreiten, an dem der Gedanke entsteht. Da Sinneseindrücke nur auf der bewussten Ebene erkannt werden können, treten wir umso tiefer in *Pratyahara* ein, je tiefer wir in den Geist-Ozean eintauchen.

Das hat bestimmte Vorteile, denn der Geist hat viel mit einem wirklichen Ozean gemein. Wie aufgewühlt das Meer auch an seiner Oberfläche sein mag, in der Tiefe ist es immer friedlich und still. Ebenso ist es beim Geist. Beim Eintauchen in das Meer des Geistes während der Meditation erfährt man auch diese tieferen und ruhigeren Schichten und bringt etwas von dieser Ruhe wieder mit an die Oberfläche.

Wir beginnen zunächst mit einem Satz, der nicht intellektuell ist. Wir wollen diesen Satz denken, aber ohne den Geist auf eine Stufe erhöhter Aktivität zu erheben. Die Umschreibung »nicht intellektueller« Gedanke mag wie ein Widerspruch in sich erscheinen, das ist aber nicht wirklich so, denn ein Gedanke muss nicht Plato oder Aristoteles zum Inhalt haben. Sie können fast alles denken. Bei der Meditation denken wir das Mantra.

Ein Mantra ist ein Gedanke, der nahezu jeglichen intellektuellen Inhalts entbehrt. Wenn wir über das Mantra nachdächten, dann wäre das intellektuell. Wenn wir jedoch lediglich das Mantra denken, findet dabei keinerlei intellektuelle Aktivität statt. Dies erlaubt es dem Gehirn, auf stilleren, weniger aktiven Ebenen zu arbeiten. Wenn das geschieht, und wenn wir weiterhin unser Mantra denken, dann erreichen wir schließlich den Punkt, an dem der Gedanke entsteht. An diesem Punkt verschwindet das Mantra. Wir haben das Denken transzendiert.

Das ist bedeutsam, denn, wie Maharishi selbst hervorhebt: »Alle psychischen Kräfte gehören selbstverständlich zum Feld des Seins«, womit er das reine Bewusstsein meint, in dem der Gedanke transzendiert wurde. »Wenn es einen Weg geben kann, um direkt mit dem Feld des Seins in Berührung zu kommen und sich mit ihm vertraut zu machen, dann werden alle psychischen Kräfte und alle Naturkräfte, die zum allmächtigen ewigen Sein gehören, verfügbar sein.« [16]

Pratyahara wird daher zum Zeichen dafür, dass wir uns dem Zustand reiner Bewusstheit nähern, in dem die psychischen Kräfte verfügbar werden. An späterer Stelle werde ich Ihnen erklären, wie Sie sich diese Tatsache zunutze machen können.

Die andere Form der Ausschließung der Sinne, die ich erwähnt hatte, ist *Dharana* – Konzentration. *Dharana* kann in Bezug auf vier verschiedene Arten von Objekten ausgeübt werden: äußerliche Gegenstände, innere Objekte, Eigenschaften und geistige Vorstellungen, wobei jedoch die drei Letztgenannten recht schwierig zu meistern sind. Daher nenne ich *Dharana* eine äußere – externe – Technik.

Dharana bedeutet nichts anderes als die Ausrichtung der Sinne auf ein ausgewähltes Objekt, wobei die Sinne sich nicht davon entfernen dürfen. *Dharana* kann mit jedem der fünf Sinne durchgeführt werden; da man aber im Yoga den Gesichtssinn für den wichtigsten der Sinne hält, heißt *Dharana* gewöhnlich visuelle Konzentration.

In Tibet führen Okkultisten *Dharana* oft mit einem Stab oder einer Holzkugel durch, während man in Indien die Flamme einer Kerze dafür verwendet. Ich schlage Ihnen jedoch vor, mit Ihrem eigenen Spiegelbild zu beginnen, und zwar aus zwei Gründen: Dieses *Dharana* ist zum einen ebenso wirkungsvoll wie andere, und es führt rasch zu einem der *Siddhis* – der Erinnerung an frühere Inkarnationen.

Sie benötigen einen Spiegel von etwa zwanzig mal zehn Zentimeter mit einem möglichst einfachen Rahmen (oder überhaupt keinem Rahmen, wenn es Ihnen nichts ausmacht, ihn abzunehmen) und einer glatten Glasoberfläche. Verwenden Sie keinen jener Spiegel mit aufwendig goldverziertem Rahmen und auch keinen zu großen Spiegel. Denken Sie daran, das Objekt dieser Übung ist visuelle Konzentration. Vermeiden Sie alles, was Ihren Blick während der Übung ablenkt.

Wenn Sie auf einem Stuhl sitzen, stellen Sie den Spiegel auf einen Tisch; sitzen Sie auf dem Boden, dann stellen Sie den Spiegel ebenfalls auf den Boden und stützen Sie ihn ab. Wenn Sie im ganzen Lotussitz auf dem Boden sitzen, können Sie den Spiegel an eine Wand in Ihrem Meditationsraum lehnen. Richten Sie den Spiegel so ein, dass Sie Ihr Gesicht sehen können, ohne den Hals zu überanstrengen, und setzen Sie sich nicht weiter als einen knappen Meter vom Spiegel weg, damit Sie Ihr *Dharana* durchführen können, ohne die Augen zu sehr zu beanspruchen.

Jetzt dämpfen Sie das Licht. Wenn Sie am Abend üben, dann schalten Sie alle elektrische Beleuchtung in diesem Raum ab und stellen Sie dafür eine einzige Kerze so nahe an den Spiegel, dass er genügend erhellt ist, aber weit genug entfernt, dass die Flamme Sie nicht ablenkt. Führen Sie die Übung tagsüber durch, dann schließen Sie die Vorhänge, sodass gerade genug Licht durchscheint, damit Sie deutlich sehen können, ohne dass der Raum hell erleuchtet ist. Darüber hinaus setzen Sie sich so hin, dass weder die Sonne noch irgendeine andere Lichtquelle Ihnen während des Experiments ins Gesicht scheint.

Ist alles soweit vorbereitet, dann setzen Sie sich bequem vor den Spiegel, richten den Spiegel so, dass Sie Ihr ganzes Gesicht sehen können und sehen Sie sich ins rechte Auge. Sie werden feststellen, dass Ihre Augen ein optimales Objekt für diese Art der Konzentration darstellen. Es ist zwar egal, ob Sie sich nun ins rechte oder ins linke Auge schauen, mit der Konzentration auf Ihre Augen werden Sie jedoch bessere Ergebnisse erzielen als mit der Konzentration auf die Nase, den Mund oder das Haar.

Richten Sie den Blick starr auf Ihr rechtes Auge und verweilen Sie dort. Wenn Sie blinzeln, ist die Konzentration gestört, ebenso wenn Sie den Blick wandern lassen, egal wie geringfügig. Wollen Sie Erfolg haben, dann müssen Sie sich vollkommen konzentrieren und diese Konzentration eine halbe Stunde oder länger aufrechterhalten.

Zunächst wird es Ihnen nicht gelingen, aber mit der Übung wird sich der Erfolg einstellen; und nach drei oder vier Versuchen sollten Sie schon Resultate erzielen.

Es kann passieren, dass der ganze Raum für einen Augenblick dunkel zu werden scheint. Das ist ein Zeichen für einen Fortschritt; wenn es wieder geschieht, gehen Sie einfach darüber hinweg und konzentrieren sich weiter. Vielleicht sehen Sie von Ihrem Gesicht ein goldschimmerndes Leuchten ausgehen. Dies ist ein äußerst vielversprechendes Zeichen. Lassen Sie sich jedoch von solchen Erfahrungen nicht ablenken, denn, denken Sie daran, wenn Sie den Blick herumwandern lassen oder blinzeln, ist alles verloren, was Sie schon erreicht haben, und Sie müssen noch einmal von vorne beginnen.

An einem bestimmten Punkt werden Sie vielleicht anfangen zu bemerken, dass sich ein Teil Ihres Gesichtes verändert hat. Zunächst vielleicht nur ein oder zwei Gesichtszüge. Vielleicht hat Ihre Nase eine andere Form oder ein Teil Ihres Gesichtes wird vom Bild eines anderen Gesichtes verdeckt. Ebenso können Sie dieses zweite Gesicht auch aus dem goldenen Leuchten, das sich bildet, heraustreten sehen. Wenn Sie beharrlich sind, wird im Spiegel ein vollkommen anderes Gesicht auftauchen. Sie werden es ziemlich deutlich erkennen können. Machen Sie sich dann Notizen darüber, denn dies ist Ihre Erscheinung aus einem früheren Leben.

Es wurde mir gesagt, dass das erste Gesicht, das erscheint, entweder das Gesicht Ihrer bestimmendsten vergangenen Persönlichkeit oder das Gesicht der letzten Inkarnation ist. Wenn Sie die Fähigkeit erlangt haben, die Gesichter klar zu sehen, fragen Sie sich, wer diese Person war, wann und wo sie gelebt hat und was deren Leben heute für Sie bedeutet. Die Antworten darauf werden Sie überraschen.

Mit der Zeit werden Sie noch andere Gesichter wahrnehmen können, die weiter zurückliegenden Inkarnationen angehören. Auf diese Weise habe ich entdeckt, dass ich in der Gewalt der spanischen Inquisition starb, dass ich ein Leben als wohlhabender, aber weltfremder Kaufmann in Japan verbrachte, und dass ich mein letztes Leben als europäischer Jude in einem von Hitlers Konzentrationslagern beendet habe. Nicht alle Erfahrungen Ihrer früheren Leben werden erfreulich sein, aber immer interessant. Dieses kleine Experiment, das die meisten Menschen recht leicht beherrschen, wird Ihnen ein gutes und praktisches »Gefühl« verleihen für die folgenden schwierigeren *Dharanas*.

Wenn Sie ein *Dharana* mit offenen Augen durchführen und dabei ein anderes Objekt als Ihr Gesicht verwenden, dann können Sie eine eigenartige Erfahrung machen, die in den *Yoga-Sutren* erwähnt wird, und zwar haben Sie das Gefühl, mit dem Objekt Ihrer Konzentration zu verschmelzen.

Dr. A.J. Deikman von der University of Colorado Medical School hat tatsächlich einige von Patanjalis Methoden an verschiedenen Versuchspersonen ausprobiert. Gemäß seinem Bericht in »The Journal of Nervous and Mental Disease« wurden die Versuchspersonen gebeten, sich etwa drei Meter entfernt von einem gewöhnlichen braunen Tisch zu setzen, auf den er eine blaue Vase gestellt hatte. Die Versuchspersonen sollten die Vase ansehen, sie aber weder studieren noch sie analysieren. Man begann die Sitzungen mit einer Dauer von zehn Minuten, die dann allmählich auf dreißig Minuten erhöht wurde.

Dr. Deikman fand heraus, »dass in der Wahrnehmung des Selbst und des Objekts bemerkenswerte Änderungen möglich sind«, und nach dreißig bis vierzig Sitzungen war »der beginnende Zusammenbruch der Unterscheidung Selbst-Objekt festzustellen«. Eine der Versuchspersonen, eine achtunddreißigjährige Schwester der Psychiatrie, drückte es so aus:

»Es war, als ob wir zusammen gewesen wären, wissen Sie, statt ein Tisch, eine Vase und ich, mein Körper und der Stuhl zu sein, hatte sich alles aufgelöst zu einem Bündel von etwas, das ... eine Menge Energie in sich hatte, aber keine Form bildete, es fühlte sich nur an wie eine Kraft.«

Aleister Crowley behauptet in seinen »Confessions«, dass diese Erfahrung mit »explosiver Gewalt« kommen und das Gehirn des Meditierenden so in Schwung bringen kann, dass dieser sich nicht mehr daran zu erinnern vermag. Die meisten Menschen behalten jedoch die Erinnerung daran.[17]

John Weldon und Zola Levitt zitieren in The Transcendental Explosion einen Mr. David Birdsell aus Connecticut, nach dem »für fortgeschrittene (TM)-Meditierende die Erfahrung, mit Objekten und Personen psychisch zu verschmelzen, nicht ungewöhnlich ist«.

Colin Bennett beschreibt Ähnliches in seinem Buch »Practical Time Travel«, veröffentlicht in »The Aquarian Press« (Neuauflage 1980). Er interessiert sich für das Kristallkugel-Schauen, das ja ein *Dharana* mit offenen Augen ist und zu dem führt, was er das »mystische Phänomen, dass der Kristall den Betrachter absorbiert«, nennt.

Die Kugel scheint zu wachsen, ihre Oberfläche kommt immer näher, bis der Betrachter sich von ihr umgeben fühlt. Der Höhepunkt dieser Erfahrung tritt immer plötzlich ein und dauert möglicherweise nur sehr kurz an. Währenddessen sieht der Wahrnehmende nichts als ein vergangenes Ereignis im Kleinformat auf der Oberfläche der Kugel und wird doch eins mit ihr.

Max Freedom Long erzählt in »Recovering the Ancient Magic« eine ähnliche Geschichte, die auch von Bennett angeführt wird. Long behauptet, er habe auf einem ame-

rikanischen Rummelplatz einen Feuerschlucker kennengelernt, der die Flamme einer Fackel auf der ausgestreckten Zunge tanzen lassen konnte, ohne dazu schützende
Chemikalien zu benötigen. Der Feuerschlucker erklärte,
dass er vor Jahren bei einem Magier gelernt habe, der ihn
dazu ermuntert habe, mehrere Stunden täglich wirkungsvoll das Dharana mit offenen Augen mit einer »heiligen
Butterlampe« durchzuführen. Eines Tages schienen für
einen Augenblick die Flammen aus der Lampe zu springen
und seinen ganzen Körper einzuhüllen; danach habe er
das Gefühl gehabt, mit dem Feuer eins geworden zu sein
und fortan unter dessen Schutz zu stehen.[18]

Solche Geschehnisse – nämlich, dass ein Yogi die Ver-
schmelzung mit dem Objekt seiner Konzentration spürt –,
legt nahe, dass sein Bewusstsein während des *Dharana*
nicht in Bewegungslosigkeit verharrt. Mit anderen Worten,
der Yogi nagelt seinen Blick nicht fest, sondern er bringt
eine tiefe, wenn nicht sogar erstaunliche Veränderung
seines Bewusstheitszustandes hervor.

Diese Veränderungen bilden die Grundlage zur *Siddhi*-
Durchführung. Die Yogis sagen dazu, es gebe einen end-
lichen Kreis von Bewusstseinsveränderungen, und wenn
der Yogi den Kreis vollendet hat, dann hat er *Sanyama*
durchgeführt.

Sanyama ist ein Sanskrit-Wort wie fast alle anderen Worte, die wir hier verwenden, und es stammt wie die anderen Worte aus Patanjalis *Yoga-Sutren*. Wörtlich bedeutet es »zusammengehen«, denn im *Sanyama* »gehen« drei verschiedene Bewusstseinsphasen »zusammen«, nämlich *Dharana*, *Dhyana* und *Samadhi*.

Anhand des Spiegel-Experiments möchte ich die Funktionsweise erklären. Wenn Sie begonnen haben, sich auf Ihr rechtes Auge zu konzentrieren, waren Sie sich des Auges und auch Ihrer selbst bewusst, ebenso wie Sie sich alles anderen im Zimmer bewusst waren. Sie haben bewusst wahrgenommen, dass Sie in einen Spiegel blickten, dass Sie auf dem Boden saßen auf einem bestimmten Platz und so weiter. Das ist *Dharana* – Konzentration, aber nicht yogisch perfekt.

Wenn Sie die Konzentration fortgesetzt haben, hat sie sich schließlich vertieft, sodass Sie außer sich selbst und dem Bild im Spiegel alles andere aus der Wahrnehmung ausgeschlossen haben. Das ist *Dhyana*. Wenn Sie sich immer noch weiter konzentriert haben, erreichten Sie einen Punkt, an dem Sie sogar die Wahrnehmung Ihrer selbst verloren haben. Es blieb nur noch das Objekt.

Diesen letzten Zustand nennt man *Samadhi*, in dem die mystische Vereinigung von Wahrnehmendem und Wahrgenommenem stattfindet. Wenn der Yogi sich selbst nicht mehr wahrnimmt, spürt er, wie er wortwörtlich das wird, worauf er sich konzentriert.

»Für den Übergang von ›Konzentration‹ (*Dharana*) zu ›Meditation‹ (*Dhyana*) benötigt man keine neue Technik«, schreibt Mircea Eliade. »Gleichermaßen braucht man keine zusätzliche Yoga-Übung zum Erreichen von *Samadhi*, wenn der Yogi bereits erfolgreich ›Konzentration‹ und ›Meditation‹ durchgeführt hat.«

Es gibt eine alte Formel, nach der ein *Dharana* zwölf Sekunden ununterbrochener Konzentration benötigt. Ein *Dhyana* besteht aus zwölf *Dharanas* und ein *Samadhi* aus zwölf *Dhyanas*. Also braucht man zwölf mal zwölf mal zwölf Sekunden, also 1728 Sekunden gleich 28,8 Minuten, um *Samadhi* zu erreichen. Ich halte diese Art von Formeln immer für ein wenig künstlich, doch die genannten Zeiten stimmen ziemlich genau. Zu Anfang brauchen Sie etwa eine halbe Stunde, um *Samadhi* zu erreichen. Die Adepten jedoch sollen diesen Zustand unverzüglich erreichen.

Für die fortgeschritteneren *Siddhis* wie die Levitation benötigen wir für *Sanyama* kein äußeres Objekt. Wir verwenden ein inneres Objekt, oft ein visualisiertes Bild. Wahrscheinlich werden Sie den endgültigen Zustand von *Dharana*, *Dhyana* und *Samadhi* nicht in der gleichen Art der Wahrnehmung erfahren wie beim Gebrauch eines äußerlichen Objektes. Daher definieren wir die jeweiligen Zustände anders.

Denken Sie noch einmal kurz an das Gleichnis vom »Meer des Geistes«. Während wir von der Oberfläche des Meeres – der Oberflächenstufe der Wahrnehmung – zum Grund herabsteigen, der den Zustand reinen Bewusstseins darstellt, durchlaufen wir verschiedene Zwischenstufen des Bewusstseins. Die meisten okkulten Autoren sprechen von diesen Stufen in recht verschleierter Weise, doch einige versuchen, sie in Zahlen zu beschreiben. Manche Schulen behaupten, es gäbe sieben Stufen des Bewusstseins, andere wieder meinen, es seien zwölf. Für unsere Zwecke gehen wir von drei Stufen aus. Das Meer hat eine Oberfläche, eine Mitte und einen Grund. Eine Reise hat einen Anfang, eine Mitte und ein Ende. *Sanyama* hat *Dharana*, *Dhyana* und *Samadhi*.

Dharana ist demnach der Zustand, in dem Sie sich konzentrieren, aber im Wesentlichen an der Oberfläche Ihres Geistes. Wird Ihre Konzentration tiefer, tauchen Sie unter die Oberfläche – Sie befinden sich in *Dhyana*. Wenn Sie den Zustand reinen Bewusstseins erreichen, haben Sie *Samadhi* erreicht.

Nach Professor Orme-Johnson wird diese Auslegung von *Samadhi* beim TM-*Siddhi*-Programm verwendet. Die Mantra-Meditation kann als eine Form von *Sanyama* in

Bezug auf ein Mantra angesehen werden und der daraus erwachsende wesentliche Gewinn als Siddhi, das diese Form von *Sanyama* hervorbringt.

Durch *Sanyama* können zwei Arten von *Siddhis* erlangt werden: *Siddhis* des Wissens und *Siddhis* der Kraft. Das Reinkarnationsexperiment gehört in die erste Kategorie, die Levitation in die zweite.

Alle Kraft-*Siddhis* beruhen auf demselben esoterischen Prinzip: Wenn die mystische Vereinigung zwischen dem Wahrnehmenden und dem Wahrgenommenen stattfindet und *Samadhi* entsteht, erhält der Yogi außergewöhnliche Kraft und Macht über die Objekte seiner Aufmerksamkeit.

Im Feuer-Sanyama, das ich an früherer Stelle beschrieben habe, erlangte der Feuerschlucker, den Max Freedom Long entdeckt hatte, durch *Sanyama* auf seine Butterlampe einen ungewöhnlichen Grad der Meisterschaft über das Feuer.

Da er in *Samadhi* mit dem Feuer eins geworden war, war er in der Lage, seine ganze Kraft auszurichten in einem Maß, wie es einem normalen Menschen nie möglich wäre. Evan-Wentz sagt vom Yogi: »Er muss fähig sein, seinen Körper immun zu machen, gegen jedes der Elemente, einschließlich Feuer, wie bei der Zeremonie des Feuerlaufens, sowie gegen das Gesetz der Schwerkraft wie bei der

Levitation.« Der einzige Unterschied besteht darin, dass wir bei der Levitation für *Sanyama* ein anderes Objekt als Feuer verwenden, und zwar *Prana*.

Das ist sinnvoll, denn, wie ich gesagt habe, schließt Levitation die Anwendung von *Prana* ein. Daher suchen wir *Prana*, um es zu erwecken und zu beherrschen – aber nicht irgendein *Prana*.

In den vorangegangenen Kapiteln habe ich von *Prana* immer als von einer einzigen Kraft oder Energie im Universum gesprochen, und im Universum ist es tatsächlich einmalig. Aber man sagt, dass im menschlichen Körper zehn *Pranas* vorhanden sind, beziehungsweise zehn *Vayus* oder »Lüfte«. Davon haben fünf mit dem äußeren Körper zu tun und dienen einzig den physischen Funktionen. Die anderen fünf hängen mit dem inneren (Astral)Körper zusammen und werden in den okkulten Wissenschaften benutzt.

Die fünf *Vayus* des äußeren Körpers heißen *Naga*, *Kurma*, *Krikara*, *Devadatta* und *Dhananjaya*. *Naga* wird mit Aufstoßen in Verbindung gebracht und hebt das Bewusstsein an. *Kurma* öffnet die Augen und ist Ursache für das Sehvermögen. *Krikara* gehört zum Niesen und verursacht Hunger und Durst. *Devadatta* ist beim Gähnen, *Dhananjaya* beim Schluckauf und dem Hervorbringen von Geräuschen beteiligt. Das *Gheranda Samhita* sagt,

Dhananjaya »durchdringt den ganzen grobstofflichen Körper und verlässt ihn auch nach dessen Tode nicht«.

Die fünf *Vayus* des inneren Körpers heißen *Prana*, *Apana*, *Samana*, *Udana* und *Vyana*. Diese *Vayus* haben, abgesehen von ihren physischen Funktionen, besondere esoterische Aufgaben; eines davon, nämlich *Udana*, ist im besonderen bei der Levitation beteiligt.

Im Körper ist *Udana* im Hals angesiedelt und hat im physischen Bereich zu tun mit dem Schlucken und den Bewegungen der Darmlymphe durch das Verdauungssystem. Es ist auch daran beteiligt, Sie einschlafen zu lassen. Nach Vachaspati manifestiert sich *Udana* von der Nasenspitze bis zum Scheitelpunkt und dient damit als astrales Bindeglied zwischen den drei höchstgelegenen Chakras im Menschen: *Vishuddhi* im Hals, *Ajna* zwischen den Augenbrauen und *Sahasrara* am Scheitelpunkt. Alice Bailey sagt, *Udana* habe »eine besondere Beziehung zu Gehirn, Nase und Augen, und bei korrekter Kontrolle schafft es die Koordination der lebenswichtigen Lüfte und deren ordnungsgemäße Arbeit.« Das Wort *Udana* leitet sich von der Sanskrit-Wurzel ut ab, was »aufwärts tragen« bedeutet.

Diese Eigenschaft des Aufwärtstragens macht *Udana* wertvoll für die Levitation. Im Buch Drei, Sutra Nummer achtunddreißig in Patanjalis »Yoga-Sutren« lesen wir:

»Durch die Meisterung von *Udana* [erlangt der Yogi] das Aufsteigen und das Nicht-Berühren von Wasser, Dornen, Morast etc.«

Für I.K. Taimini bedeutet das, dass »*Udana* offenkundig mit der Anziehungskraft der Erde auf den Körper zusammenhängt, und durch die Kontrolle dieses besonderen *Prana* ist es möglich, diese Anziehung zu neutralisieren«. Alice Bailey sagt von *Udana*, dass »Levitation, die Kraft, auf Wasser zu gehen, und die Fähigkeit, der Erdanziehung zu widerstehen, dessen geringste und am wenigsten wichtige Bedeutung ist«.

Vachaspati, einer der frühen Kommentatoren Patanjalis, sagt, »das Aufsteigen geschieht auf dem Pfad, der seinen Ursprung in der Flamme nach dem Tode [der *Archiradi* oder nördliche Pfad] nimmt. Wenn [der Yogi] den Pfad beherrscht, steigt er auf diesem Pfad auf«. Einige Fachleute haben das so gedeutet, dass niemand *Udana* vollkommen beherrschen kann, wenn er nicht ein äußerst geübter Yogi und dem Tode nahe ist. Doch auch weniger geübte Schüler können es versuchen, und Vaspachi erklärt uns genau, wie wir vorgehen sollen. »*Udana*«, so sagt er, »wird beherrscht mit der Durchführung von *Sanyama*.«

Setzen Sie sich im ganzen Lotus auf den Boden, schließen Sie die Augen und beginnen Sie mit Ihrem Mantra. Wenn Sie spüren, dass Ihr Bewusstsein sich nach innen gerichtet hat, visualisieren Sie eine ganz dünne weiße Linie, etwa so dick wie ein menschliches Haar, die von Ihrem Hals ausgeht zu Ihrer Nasenspitze, von dort zu der Stelle zwischen Ihren Augenbrauen und schließlich zum Scheitelpunkt Ihres Kopfes führt. Bei der Visualisierung sehen Sie diese Linie vielleicht innerhalb Ihres Körpers, und Ihre Visualisierunq ist so lebhaft, dass Sie sie tatsächlich sehen. Sie werden auch spüren, dass Sie diese Linie, befände sie sich außerhalb Ihres Körpers, berühren könnten, so lebhaft sollte Ihre Visualisierung sein.

Wenn sich diese Linie fest in Ihrem Geist befindet, dann versuchen Sie, sich *Udanas* bewusst zu werden, den sie darstellt. Versuchen Sie, die Energie, die durch Ihren Oberkörper fließt, zu fühlen, ganz besonders die Aufwärtsrichtung dieser Energie. Dies wird Ihnen leichter fallen als die Visualisierung. Anfangs werden Sie vielleicht im Bereich von *Udana* ein leichtes Prickeln verspüren; später werden Sie einen leichten Druck wahrnehmen, wenn die Energie stärker wird. Noch später spüren Sie einen recht deutlich aufwärts pulsierenden Energiestrom, der sich ziemlich fest im Oberkopf, im Bereich zwischen den Augenbrauen und im Bereich des Scheitelpunktes manifestiert.

Nun versuchen Sie, die Kraft des *Udana* zu erhöhen. Stellen Sie sich vor, die weiße Linie beginne anzuschwellen und werde größer, und die Energie, die sie darstellt, wachse gleichermaßen und werde immer stärker, bis die aufwärts gerichtete Kraft so ungeheuer wird, dass sie Ihren Körper wörtlich hinaufhebt und Sie über Wasser, Dornen und Morast trägt. Diese Meditation wird Sie sicher sehr anregen, auch schon, bevor Sie objektive Ergebnisse erzielen.

Wenn Sie diese Meditation durchführen, denken Sie immer daran, dass der *Udana*, den Sie in Ihrem Kopf und Hals visualisieren, kein Produkt Ihrer Vorstellung ist. *Udana* erscheint zwar auf keiner Karte westlicher Physiologen, doch es existiert nichtsdestoweniger; und wenn Sie die Visualisierung weiter durchführen, dann erlangen Sie die Fähigkeit, *Udana* selbst wirklich zu sehen, nicht nur das visualisierte Bild.

Das hier beteiligte *Siddhi* ist die Fähigkeit, Dinge zu sehen, die sich dem Blick entziehen, und die technischen Prinzipien sind dieselben wie bei den Übungen für Astralprojektionen, wie sie im Kapitel zwei beschrieben sind. Sie erinnern sich: Sie haben den Raum, in dem Sie sich befanden, visualisiert und versucht, den Raum zu »sehen«, obwohl Sie die Augen geschlossen hatten. Hier nun visualisieren Sie *Udana* und versuchen, ihn innerhalb Ihres Körpers zu »sehen«, auch wenn Sie ihn normalerweise nicht einmal mit geöffneten Augen sehen könnten. Auf diese Weise werden die psychischen Fähigkeiten geschult, indem man im Geist an dem Wunsch und dem Willen festhält, etwas zu vollbringen, was im Normalfall nicht möglich wäre. Wenn Sie die Fähigkeit, *Udana* zu sehen, einmal erlangt haben, dann werden Sie *Sanyama* mit dem *Udana* selbst durchführen statt mit einem imaginierten Bild, und Ihre Technik wird stärker werden.

Sanyama wird für alle fünf *Vayus* gleich durchgeführt – durch die Visualisierung des betreffenden *Vayu* im Körper, indem man die Aufmerksamkeit eine längere Zeit auf den jeweiligen Körperteil konzentriert und mit dem festen Wunsch, das entsprechende *Vayu* unter bewusste Kontrolle zu bekommen. Dieses Buch bietet nicht genug Platz, um auf all die Kräfte der fünf *Vayus* einzugehen, aber ich möchte Ihnen zumindest sagen, wo sie sich im menschlichen Körper befinden und wo ihre jeweiligen Manifestationsbereiche liegen. Jedes der fünf *Vayus* ist ja im Körper lokalisiert, die Stellen werden im »Siva Samhita« beschrieben, und jedes der fünf *Vayus* hat auch seinen Manifestationsbereich, die von *Vyasa* in seinem Kommentar zu Patanjalis *Yoga-Sutren* genannt werden. In der nachfolgenden Tabelle sind sie aufgelistet:

Vayu	Sitz	Manifestationsbereich
Apana	Rektal-Genital-Bereich	Fußsohlen bis Solar Plexus
Vyana	Keiner	Im ganzen Körper
Samana	Solar Plexus	Solar Plexus bis Herz
Prana	Herz	Herz bis Nasenspitze
Udana	Kehle	Nasenspitze bis Scheitel

Zusätzlich zum *Udana Sanyama* vermittelt uns Patanjali eine weitere Levitationstechnik, der in Sutra Nummer zweiundvierzig beschrieben wird: »Durch *Sanyama* auf die Verbindung zwischen Körper und *Akasa* und auf die Leichtigkeit von Dingen wie ein Wattebausch erlangt der Yogi die Reise durch den Himmel.«

Irrtümlich hat man dies für eine Teleportations- oder Astralprojektionstechnik gehalten. Es handelt sich jedoch um eine sehr interessante Levitationstechnik, die von Maharishi Mahesh Yogi im TM-Sidhi-Programm angewandt wird. Folglich ist diese Levitationstechnik von mehr Menschen praktiziert worden als jede andere. Das mag vielleicht ein wichtiger Punkt sein für einige angehende Levitierende.

In dem Buch »An Invitation to Enlightenment«, das von der Maharishi International University in Fairfield,

Iowa, herausgegeben wurde, wird offen bekannt, dass »die TM-Sidhi-Fähigkeiten Leistungen eines höheren Bewusstseinszustandes sind, die im Yoga-System von Patanjali beschrieben sind«. Die spezielle Fähigkeit »die Reise durch den Himmel« wird definiert als »Neuausrichtung der Physiologie und einer Neigung zur Levitation«. Dann gibt das Büchlein eine kurze Zusammenfassung eines Dokuments von Dr. David Orme-Johnson und seinen Kollegen mit dem Titel »Höhere Bewusstseinszustände: EEG-Kohärenz, Kreativität und Sidhi-Erfahrungen«, in der dasselbe Zugeständnis gemacht wird.

Daher ist es angebracht, einige von Maharishis Theorien über die höheren Bewusstseinszustände näher zu betrachten, bevor wir fortfahren.

Wie ich schon ausgeführt habe, unterscheidet Maharishi mindestens sieben, möglicherweise acht verschiedene Bewusstseinszustände. Der unterste ist das normale Wachstadium, gefolgt vom Traumstadium und dem Schlafstadium, was für die meisten Menschen Unter-Bewusstsein ist. Nach diesen drei Stadien fügt er jedoch noch ein viertes Stadium hinzu, das er transzendentales Bewusstsein nennt. Diese Entdeckung ist nicht neu, was auch in seinem Kommentar »On the Bhagavad-Gita« erwähnt wird, aber Maharishi gibt einer alten Idee einen neuen Dreh. Das transzendentale Bewusstsein, wie er es nennt, ist *Kshanika-Samadhi*, das dritte Stadium von Sanyama; und damit kein Zweifel am Zusammenhang aufkommt, erklärt Maharishi uns, dass die »transzendentale Meditation« – seine Meditationstechnik, die in der Tat eben *Japa* ist, also das Mantra-Singen –, »zum Kreis von *Dhyana* gehört«.[19] TM ist also eine Form von *Sanyama*, was ich schon früher erläutert habe, und durch das Praktizieren von TM will Maharishi die *Siddhis* manifestieren.

Üblicherweise erreicht man *Samadhi* – das dritte Stadium von *Sanyama* – durch lange Konzentration auf ein Objekt, wie es in der einen oder anderen Sutra vorgeschrieben ist. Wenn ich Maharishi nun richtig verstehe, dann schlägt er vor, dass wir zunächst *Samadhi* erreichen und dann erst das *Siddhi* durchführen. Damit werden die *Siddhis* zum Gradmesser für unseren Erfolg beim Erreichen von *Samadhi*. Darin liegt auch noch ein anderer Nutzen.

Maharishi erklärt, das oberste Ziel des Yoga sei es, allmählich *Kshanika* oder zeitlich begrenztes *Samadhi* in *Nitya* oder bleibendes *Samadhi* zu verwandeln. Das wird durch das tägliche Erleben von *Kshanika Samadhi* in der Meditation erreicht, sodass dieser Zustand in die täglichen Aktivitäten übernommen wird. Wenn dies geschieht, dann hat man das kosmische Bewusstsein, wie Maharishi es zu nennen pflegt, erlangt – den fünften Bewusstseinszustand nach dem transzendentalen Bewusstsein. Dort herrscht eine Dualität der Wahrnehmung: Das transzendentale Bewusstsein koexistiert mit dem normalen Wachbewusstsein, und – wenn man schläft –, mit den beiden anderen Bewusstseinsstadien, die der normale Mensch erfährt. Manche langjährig Meditierende berichten von einem Gefühl, »den Schlaf zu beobachten«, das heißt, während ihr Körper schläft, ist ihr Geist wach. Sie befinden sich gleichzeitig im Schlafstadium und im transzendentalen Stadium des Bewusstseins.

Wenn dies geschieht, ist man in der Lage, vom Stadium des transzendentalen Bewusstseins aus zu handeln, und genau das tut man, wenn man eines der *Siddhis* ausführt. Aus diesem Grunde spricht Maharishi von den *Siddhis* als vom »transzendentalen Bewusstsein in Aktion«. Ebenfalls aus diesem Grunde werden die *Siddhis* gelehrt. Wenn man nämlich die *Siddhis* bewusst durchführt, dann handelt man bewusst vom Stadium der transzendentalen Wahrnehmung (awareness) aus. Und in dem Maße, wie man vom transzendentalen Bewusstseinsstadium aus handelt, bewegt man sich auf das Stadium des *Nitya-Samadhi* zu – des kosmischen Bewusstseins, in dem man immer vom transzendentalen Bewusstsein aus handelt.

Nun zur Technik. Von der Sutra »Reise durch den Himmel« gibt es verschiedene Interpretationen, die in Wirklichkeit nur verschiedene Stadien der Interpretation sind.

Ich halte es für wichtig, dass der angehende Levitierende alle Stadien der Sutra versteht, und zu diesem Zweck möchte ich sehr eingehend darüber sprechen.

Einige Übersetzer geben das Wort *Akasa* mit »Raum« wieder, sodass aus dem Sanskrit-Ausdruck *Kayakasayoh* der Begriff »Körper und Raum« entsteht und der Satz *Cakasagamanam* zu »Reise durch den Raum« wird. Das ist eine absolut annehmbare alternative Übersetzung, mithilfe derer die Sutra sich folgendermaßen liest: »Durch *Sanyama* auf die Beziehung zwischen dem Körper und dem Raum und auf die Leichtigkeit von Dingen wie ein Wattebausch erlangt der Yogi die Reise durch den Raum.«

Im Lichte der allgemeinen Theorie, die Patanjalis Yoga-Sutren zugrunde liegt, wird die Bedeutung jetzt klar. Durch *Sanayama* erlangt man die Herrschaft über dessen Objekt. Wenn man also *Sanyama* auf die Beziehung zwischen Körper und Raum durchführt, meistert man diese Beziehung – also die Reise durch den Raum. Das wird von Vyasa in seinem Kommentar zu Patanjali bestätigt:

»Wo immer der Körper ist, da ist der Raum (*Akasa*), denn der Raum (*Akasa*) bereitet den Weg für den Körper. Sie stehen in einer Beziehung zueinander, denn der Körper ist vom Raum durchdrungen. Durch *Sanyama* mit dieser Beziehung und mit Erlangen der Leichtigkeit von Dingen wie Watte usw. bis hinunter zum Atom wird der Yogi selbst leicht. Von da an gewinnt er die Macht, über Wasser, dann auf Spinnweben und schließlich auf Lichtstrahlen zu gehen. Danach geht er ganz willkürlich durch den Raum.«

In einem buddhistischen magischen Text, der von Conze in seinen Buddhist Scriptures übersetzt wurde, erfahren wir, dass »ein Gefühl von Leichtigkeit« über den Yogi kommt, wenn er diese Meditation durchführt. »Das Gefühl ist als Leichtigkeit zu betrachten«, heißt es im Text, »da es von den (fünf) Hindernissen wie auch von anderen der Trance widrigen Zuständen wie weitschweifigem Denken und so weiter frei ist. Sobald dieses Gefühl von dem Mönch Besitz ergriffen hat, wird sein physischer Körper leicht wie ein Wattebausch. Und so geht er zur Brahma-Welt, und sein sichtbarer Körper ist so leicht wie ein Wattebausch, der vom Wind fortgeblasen wird.«

Hat man diese Leichtigkeit erlangt, empfiehlt der Text, entweder den »Erde-Kunstgriff« anzuwenden oder zu wünschen, dass sich ein magischer Wind erhebt, der einen an den Ort seiner Wünsche trägt. »Der Wunsch, sich fortzubewegen, ist der ausschlaggebende Faktor.«

Der »Erde-Kunstgriff« ist nichts als eine Visualisierung, in der Sie sich vorstellen, dass ein bestimmter Bereich im Raum fest ist, sodass Sie auf ihm laufen können. Offensichtlich ist der Erde-Kunstgriff nutzlos, wenn Sie nicht zuvor dieses leichte Gefühl von Leichtigkeit erlangt haben.

Das Gefühl von Leichtigkeit wiederum ist nutzlos, bevor Sie es nicht in physikalische Begriffe umgewandelt haben, das heißt, bevor nicht das Gefühl von Leichtigkeit mehr als nur das Gefühl ist.

In Kapitel drei habe ich bereits ausgeführt, dass während der Meditation ein Gefühl der Leichtigkeit über Sie kommen kann, doch in diesem Fall wollen wir dieses Gefühl absichtlich herbeiführen. Vasya sagt, wir führen *Sanyama* durch mit der Beziehung zwischen Körper und Raum, das heißt, wir meditieren, bis wir das Stadium von *Samadhi*, von reinem Bewusstsein also, erreicht haben, dann meditieren wir mit der Tatsache, dass der Körper von Raum durchdrungen ist. Das *Siva-Samhita* sagt dazu: »Raum durchdringt die fünf scheinbaren Zustände der Materie, vermischt sich aber nicht mit ihnen.« Während Sie imaginieren, wie Ihr Körper von Raum durchdrungen wird, werden Sie ein Gefühl allmählicher Leichtigkeit verspüren. Das ist der Zustand, von dem die Sutra spricht. Wenn Sie ihn spüren, dann ist das die Bestätigung, dass Sie das *Siddhi* richtig durchführen.

Wer es bereits geschafft hat, vom Boden aufzusteigen, beschreibt die Erfahrung auf verschiedene Weise. Ein Meditierender, der in »New Realities« zitiert wird, spricht von dieser Erfahrung als von »einer Welle von Energie, die den Körper durchströmt, und einem Gefühl unfassbarer Leichtigkeit.« Ein anderer Levitierender erzählt von einem Gefühl »einer enormen Energie, die mich durchfließt« und von einer Vision von seiner Brust und seinem Rückgrat als »weißes Licht«. Joseph Weed, der vor Jahren eine Reihe Levitierender interviewt hat, bemerkt: »Diejenigen, die erfolgreich waren, erklären, eine Wiederholung sei nicht allzu schwierig, wenn man die Fähigkeit einmal erlangt hat, ähnlich wie beim Schwimmen lernen«.

Eine der besten Beschreibungen der Levitationserfahrung, die ich je zu Gesicht bekommen habe, steht in Hugo Münsterbergs »Psychotherapy«. Sie stammt von einer Dame, die die Levitation ganz spontan erfahren hat, und zwar während einer Krankheit nach dem Besuch bei einem Geistheiler.

»Unvermittelt überkam mich das Gefühl, hochgehoben zu werden oder langsam emporzusteigen und leichter an Gewicht zu werden. Ein Schub von Kraft, den zu beschreiben mir die Worte fehlen, erfüllte mich. Ich kam mir vor wie ein gigantischer Dynamo, der einige Zoll über dem Boden schwebte und noch weiter emporstieg. Da bemerkte ich, wie um mich herum alles in den Farben des Spektrums leuchtete und mehr oder weniger durchscheinend wurde. Ich hätte, ohne zu versinken, auf Wasser gehen können ... Die Materie schien sich um mich herum aufzulösen. Etwa drei Stunden befand ich mich in diesem

Zustand, und mein Bewusstsein schien fast kosmische Ausmaße angenommen zu haben ... Gegen Ende des Tages, in der Dämmerung, verließ mich dieser Zustand wieder, und wie ein Stein fiel ich unvermittelt herab – derselbe gewöhnliche Mensch mit seinen alltäglichen Erfahrungen, doch mit dem immensen Unterschied einer vollkommenen Gesundheit, strahlend und bis heute ungebrochen, da ich dies niederschreibe.«

Beachten Sie die Gemeinsamkeiten aller Fälle: Leichtigkeit des Körpers, ungewöhnlich starke Energie usw.

Professor Orme-Johnson und seine Kollegen von der Maharishi European Research University (MERU) in Seelisberg, Schweiz, untersuchen viele solcher Erfahrungen und haben die unterschiedlichen Elemente in eine Rangordnung verschiedener Stufen eingeordnet. Wenn Sie also die Erfahrung Nummer eins gemacht haben, jedoch nicht Nummer zwei bis sieben, dann stehen Sie am Anfang Ihrer Suche. Haben Sie aber bereits die Erfahrung Nummer vier erlebt, dann sind Sie schon recht fortgeschritten. Professor Orme-Johnsons Liste bezieht sich zwar ausdrücklich auf TM-Levitierende, doch jeder, der mit solchen Erfahrungen arbeitet, wird wohl einige gleiche Ergebnisse erzielen:

1. Die Wahrnehmung, dass der Körper von Raum durchdrungen ist;

2. Das Gefühl von Leichtigkeit;

3. Ein nach oben gerichteter Energiestrom (wie schon an früherer Stelle bei *Udana Sanyama* erwähnt);

4. Zittern und rascher Atem (wie schon bemerkt bei bestimmten *Pranayamas*);

5. Hüpfen;

6. Hüpfen mit einem Gefühl von Kontrolle und gesteigerter Leichtigkeit;

7. Schweben für ein paar Sekunden.

Fast alle diese Erfahrungskategorien sind bereits in früheren Kapiteln erwähnt worden, jedoch nicht unbedingt in einer bestimmten Reihenfolge. Beachten Sie, dass es zwischen den verschiedenen Techniken Überlappungen gibt. Leichtheit, oder *Laghima*, wie der technische Yoga-Begriff lautet, ist im Zusammenhang mit Meditation festgestellt worden. Zittern und Hüpfen wurden in Verbindung mit *Pranayama* bemerkt. Dafür gibt es einen guten Grund, und um diesen zu erklären, möchte ich tiefer auf die Bedeutung dieser Sutra eingehen. Wie ich schon an früherer Stelle erwähnte, gibt es von dieser Sutra verschiedene Stufen der Interpretation. Bisher haben wir nur die oberflächlichen Stufen betrachtet.

Ich habe bereits ausgeführt, dass der Sanskrit-Ausdruck *Cakasagamanam* mit »Reise durch den Himmel« übersetzt werden kann, was man ebenso mit »Reise durch den Raum« wiedergeben kann. Die beiden Übersetzungen geben uns zwei verschiedene Stufen der Bedeutung, und wenn wir nun noch eine dritte hinzunehmen, dann ergibt sich eine noch tiefer gehende Stufe. Übersetzen wir *Cakasagamanam* mit »Reise durch *Akasa*« und um der Logik willen *Kayakasayoh* mit »Körper und *Akasa*«. Jetzt lautet die Sutra: »Durch *Sanyama* mit der Beziehung zwischen Körper und *Akasa* und mit der Leichtigkeit von Dingen wie ein Wattebausch erlangt der Yogi die Reise durch *Akasa*.«

Dies scheint lediglich eine äußerliche Änderung zu sein, doch das ist nicht wirklich so. Diese Sutra ist viel mehr als nur die Reise durch den Raum, denn *Akasa* ist weit mehr als nur Raum.

Nach dem Vaisheshika-System der Hindu-Philosophie ist Akasa eines der fünf *Tattwas*, oder, wie der Siva Samhita es ausdrückt, einer der fünf »scheinbaren Zustände« der Materie. Es entspricht der Quintessenz in der griechischen Philosophie, also der fünften Essenz, die Aristoteles den von Empedokles aufgestellten vier Essenzen hinzufügte. In der Theosophischen Terminologie spricht man vom fünften Zustand der Materie. Die niedrigeren vier *Tattwas* – *Prithivi*, *Apas*, *Tejas* und *Vayu* – entsprechen den ersten vier Zuständen in der Theosophie, nämlich Erde, Wasser, Feuer und Luft.

Prithivi ist also der feste Zustand, *Apas* der flüssige Zustand, *Tejas* repräsentiert den Feuerzustand und *Vayu* ist der gasförmige Zustand. *Akasa* ist demnach der Äther, der fünfte Zustand der Materie, der tausendmal dünner ist als das dünnste Edelgas.

Die fünf *Tattwas* entsprechen auch den fünf *Indriyas* oder subtilen Grundlagen der fünf Sinne. *Prithivi* entspricht dem Geruch, *Apas* dem Geschmack, *Tejas* der Sicht, *Vayu* dem Tastsinn und *Akasa* dem Gehör. Außerdem soll jedes der *Tattwas* seinen Sitz im Körper bei einem der Chakras haben:

Chakra	Position	Tattwa	Element
Mukadgara	Steißbein	Prithivi	Erde
Svadistana	Genitalbereich	Apas	Wasser
Maniqura	Solar Plexus	Tejas	Feuer
Anahat	Herz	Vayu	Luft
Visuddha	Kehle	Akasa	Quintessenz
Ajna	Zwischen den Augenbrauen	–	–
Shasrara	Scheitelpunkt	–	–

Die beiden höchsten Chakras, *Ajna* und *Sahasrara*, entsprechen dem sechsten und siebten Zustand der Materie in der Theosophie. Sie haben zwar Namen, aber da man sie nicht als *Tattwas* betrachtet, sind sie hier nicht erwähnt.

Im Yogatattva Upanishad heißt es, dass jedes der fünf *Tattwas* im Körper, zusätzlich zu seinem Sitz, einen bestimmten Bereich der Manifestation besitzt. Wenn man also *Sanyama* mit *Akasa* ausführt, dann konzentriert man sich, nach diesem System, auf einen bestimmten Teil des Körpers, wo sich *Akasa* manifestiert und wiederholt dazu beständig eine »Keimsilbe«, die für *Akasa* spezifisch ist. In diesem System erhält der Ausdruck »Beziehung zwischen Körper und *Akasa*« eine andere Bedeutung als in Vyasas Kommentar. Körper und *Akasa* stehen nicht deshalb in Beziehung zueinander, weil der Körper von Raum durchdrungen ist, sondern weil *Akasa* seinen Sitz in einem bestimmten Körperteile hat und zugleich einen bestimmten Bereich der Manifestation besitzt. Nachstehend liste ich die Manifestationsbereiche für alle *Tattwas* auf, da dies zu einigen Bemerkung passt, die ich an früherer Stelle zu den fünf *Vayus* gemacht habe.

Tattwa	Keimsilbe	Manifestationsbereich
Prithivi	lam	Fußsohle bis Knie
Apas	vam	Knie bis Rektalbereich
Tejas	ram	Rektalbereich bis Herz
Vayu	yam	Herz bis Augenbrauenmitte
Akasa	ham	Augenbrauenmitte bis Scheitel

Bitte beachten Sie, dass *Prithivi* den gleichen Sitz im Körper hat und annähernd den gleichen Manifestationsbereich wie *Apana Vayu*. Beachten Sie weiterhin, dass es zwischen *Samana Vayu* und *Tejas Tattwa* eine Übereinstimmung gibt, ebenso zwischen *Prana Vayu* und *Vayu Tattwa*. Vor allem aber ist die Übereinstimmung zwischen *Udana Prana* und *Akasa* bemerkenswert. Sowohl *Udana* wie auch *Akasa* sitzen in der Kehle, und beider Manifestationsbereich reicht von der Nasenspitze bis zum Scheitel. Auf diese Übereinstimmung weist *Vyasa* zwar hin, doch in keinem der Texte ist eine ausführliche Erläuterung zu finden. Für den Okkultisten sind diese Zusammenhänge sehr aufschlussreich, denn sie zeigen, dass *Udana Sanyama* und *Akasa Sanyama* nahezu das gleiche *Sanyama* sind. Aus diesem Grunde zeigen auch beide die gleichen Ergebnisse. Meditation mit einem Prinzip wirkt sich auf das andere aus.

Was die übrigen *Sanyamas* anbelangt, so wird Ihr Erfolg bei der Ausübung des *Akasa Sanyama* davon abhängen, wie gut Sie das Stadium von *Samadhi* – das dritte Stadium von *Sanyama* – erlangt haben. Das gilt sowohl für die Methode, wie sie Vyasa beschreibt, wie auch für die Methode des Yogatattva Upanishad. Um *Samadhi* leichter zu erreichen, führen wir *Japa* als Teil der Technik durch, wir benutzen dazu jedoch nicht das in Kapitel drei ausgewählte Mantra. Diesmal sollten Sie ein traditionelles Mantra anwenden, wovon es fünf gibt, das heißt, eins für jedes der fünf *Tattwas*, wobei »ham« das Mantra für *Akasa* ist.

Wenn Sie »ham« zu sich sagen, dann sagen Sie es im Geist, und zwar so, dass das »ha« sehr kurz ist und das »mmm« leicht hinausgezogen wird. Möglicherweise werden Sie fünfzehn bis zwanzig Minuten *Japa* mit »ham« als Mantra durchführen, bis Sie überhaupt *Sanyama* erreicht haben.

Wenn Sie sich für *Vyasas* Methode entscheiden, dann besitzen Sie bereits all die Technik, die Sie im Augenblick brauchen. Wollen Sie aber nach dem *Yogatattva Upanishad* vorgehen, sollten Sie die Visualisierung hinzufügen. Es gibt fünf Visualisierungen, bestehend aus einer Farbe und einer Form für jedes der fünf *Tattwas*. *Prithivi* ist gelb und quadratisch. *Apas* ist weiß und halbmondförmig. *Tejas* ist feuerrot und dreieckig, wobei die Spitze nach oben zeigt. Bei *Vayu* und *Akasa* gibt es allerdings von Text zu Text unterschiedliche Auffassungen.

Im *Gheranda Samhita* wird die Farbe von *Akasa* als die reinen Meerwassers beschrieben, während in Rama Prasads Buch »Nature's Finer Forces Akasa« die Farbe der Dunkelheit besitzt, die »alle Farben ahnen lässt«. Das *Gheranda Samhita* gibt keine Form an, Rama Prasad sagt jedoch, dass *Akasa* »formlos« ist. Eingeweihte des Golden Dawn Ordens (Orden der Goldenen Dämmerung) visualisierten es als schwarzes Oval. In jedem Falle sollte es mit seinem Sitz in der Kehle und der Manifestation von der Nasenspitze zum Scheitel imaginiert werden.

Im *Yogatattva Upanishad* heißt es, dass *Sanyama* mit einem der niedrigen vier *Tattwas* keinen Schaden anrichtet. Das bedeutet, wenn Sie *Prithivi* durch das entsprechende *Sanyama* beherrschen, dann brauchen Sie das Element Erde nicht zu fürchten. Wenn Sie *Tejas* beherrschen, dann brauchen Sie das Feuer nicht zu fürchten. Das beweist uns der Feuerschlucker vom Rummelplatz, den Max Freedom Long in »Recovering the Ancient Magic« erwähnt. Gleichermaßen brauchen wir bei *Sanyama* mit *Vayu* keine Furcht vor der Atmosphäre zu haben, und *Sanyama* mit *Akasa* führt zur »Reise durch den Raum«. Das *Gheranda Samhita* stimmt grundsätzlich damit überein, jedoch nicht im Hinblick auf die *Vayu* und *Akasa Sanyamas*. *Vayu Sanyama* führt laut diesem Text zum »Gehen in der Luft«, während *Akasa Sanyama* »die Tore zur Befreiung öffnet«. Wir sollen *Vayu Tattwa* als eine Kugel, gefüllt mit »*Sattwa*-Qualität«, visualisieren, die brodelt und von der rauchfarbene Energie aufsteigt. Erhalten Sie diese Visualisierung für fünf *Ghatikas* – etwa zweieinhalb Stunden – aufrecht, und die gewünschten Ergebnisse werden sich – nach dem *Gheranda Samhita* – mit Sicherheit einstellen.

In seinem Buch »Nature's Finer Forces« zitiert Rama Prasad den Sivagama als Rat, »mit *Vayu* zu meditieren, und zwar mit PAM als algebraischem Symbol, da es kugelförmig und himmelblau ist und die Macht verleiht, in den Raum aufzusteigen und zu fliegen wie ein Vogel«. In »Israel Regardies Golden Dawn-Manuskripten«, in denen viel von diesem Material zusammengefasst ist, wird dieser Rat ein wenig anders wiedergegeben: »Er soll es in Form einer Kugel von grüner oder blauer Farbe, wie die grünen Blätter eines Baumes nach einem Regen, visualisieren und sich von einer mächtigen Kraft vom Boden hinwegtragen lassen und fliegen wie ein Vogel. Und er soll die Silbe PAM wiederholen.«[20]

Ich stimme mit einigen dieser Abwandlungen nicht überein, erwähne sie hier aber der Vollständigkeit halber. Nach dem *Siva Samhita* nimmt Ihr Körper, wenn Sie *Akasa*

Sanyama, das hier als »Betrachtung von *Sunya* (Leere, Vakuum oder Raum) beschrieben wird, beherrschen, allmählich die Eigenschaften von *Akasa* an. Er wird »vollkommen ätherisch«. Wenn Sie diesen Punkt erreichen, dann können Sie durch Mauern gehen, in die feste Erde tauchen, als sei sie Wasser, und so weiter.

Rechnen Sie aber nicht zu erwartungsvoll mit solchen Ergebnissen, denn sie sind den größten Meistern dieser Kunst vorbehalten.

Welche Ergebnisse auch immer Sie erzielen, ich möchte Ihnen raten, sie keinem Außenstehenden vorzuführen. Manche Menschen fühlen sich getroffen, wenn Sie andeuten, etwas zu können, wozu sie selbst nicht in der Lage sind. Andere wiederum werden Sie ständig bedrängen, um Psycho-Readings, Ratschläge für dies oder jenes, was Ihnen alles rasch auf die Nerven geht. *Siddhis* sind Privatsache. Wenn Sie lernen, in der Luft zu schweben, dann irgendwo, wo niemand Sie sehen kann. Die Klugheit dieses Ratschlages werden Sie erkennen, wenn Sie ihn das erste Mal ignorieren. Ich selbst habe es mir zur Angewohnheit gemacht, keinerlei Demonstrationen psychischer Art zu geben, obgleich ich gelegentlich psychische Prinzipien anwende, um inkognito Hilfe zu geben.

Wenn es Ihnen möglich ist, dann reservieren Sie für jeden Tag eine bestimmte Zeit für die Übung und halten

Sie sich daran. Ist Ihnen das nicht möglich, dann werden Sie es hilfreich finden, wenn Sie ein Tagebuch führen mit Datum und Zeit Ihrer Übungssitzungen, wie lange Sie übten und welche Übungen Sie durchführten. Das erspart Ihnen die Illusion, Sie würden mit viel Aufwand nur wenige Ergebnisse erzielen. Sind Ihre Anstrengungen groß, dann ist es auch der Erfolg. Das Tagebuch wird Ihnen dabei helfen, ehrlich zu sich selbst zu sein.

Eine letzte Bemerkung: Gutes Gelingen!

– Kapitel 8 –

Sie können fliegen ...
was nun?

Jetzt können Sie also fliegen ... und was nun? Ich möchte Sie eigentlich noch nicht gehen lassen, denn jetzt, da Sie die *Sanyama*-Technik verstehen, gibt es viele Dinge, die Sie außer Fliegen noch tun können. Das ganze Buch 3 von Patanjalis Yoga-Sutren widmet sich mehr als zwei Dutzend *Siddhis*, die durch das Praktizieren von *Sanyama* erworben werden können. Einige von ihnen sind unbedeutender, andere aber fast so fesselnd wie die Levitation. Diejenigen unter Ihnen, die sich noch mit dem ganzen Lotussitz abmühen, mögen sich durch die Tatsache getröstet fühlen, dass einige dieser *Siddhis* einfach durchzuführen sind.

Ich kann hier nicht in allen Einzelheiten auf die übrigen *Siddhis* eingehen, da es so viele gibt. Also erkläre ich Ihnen, was in den einzelnen Sutren steht, dann erläutere ich kurz, wie jedes *Siddhi* durchgeführt wird. Wenn Sie alle Übungen, die ich Ihnen bisher angegeben habe, praktizieren, sind Sie inzwischen bereit für die *Siddhis* in diesem Kapitel und können die Leerstellen selbst ausfüllen.

Das erste *Siddhi* ist das Wissen um Vergangenheit und Zukunft. In Sutra Nummer sechzehn in Buch 3 sagt Patanjali: »Durch Praktizieren von *Sanyama* mit den drei Arten des Wechsels kommt das Wissen um die Vergangenheit und die Zukunft.«

Es herrscht fast einhellige Übereinstimmung, dass die »drei Arten des Wechsels« sich auf das beziehen, was die Philosophen die »drei Realitäten der Zeit« nennen – Vergangenheit, Gegenwart und Zukunft, doch es gibt verschiedene Auslegungen, was die Meditation mit diesen drei Arten des Wechsels hervorbringt. Tibetische Yogis führen diese Meditation durch, um sich ganz intensiv der Flüchtigkeit der Zeit bewusst zu werden. Die Gegenwart ist nichts anderes als nur ein unendlich kleiner Zeitabschnitt, der zwei Ewigkeiten trennt: die Vergangenheit und die Zukunft. Kaum jemand hat die Gelegenheit, den gegenwärtigen Augenblick zu erkennen, bevor er für immer in der Vergangenheit verschwunden ist. Durch fortgesetzte Meditation über diese Tatsache erkennen die tibetischen Okkultisten allmählich, dass alles, was in der Gegenwart existiert ebenso vergänglich ist wie die Gegenwart selbst, in der alles existiert, einschließlich der Welt und des Ichs des Menschen. Auf der intellektuellen Stufe ist das recht leicht zu verstehen, doch es gibt eine tiefer gehende Ebene des Verständnisses, die sich durch lange Konzentration öffnet und in einer grundlegenden Änderung der eigenen Weltsicht resultiert – das Stadium der mystischen Erleuchtung.

Eine zweite Interpretation besagt, dass man durch die Konzentration auf die drei Realitäten die intuitive Kenntnis ihrer immanenten Natur erlangt. Darauf möchte ich nicht näher eingehen, denn das Wissen, das man hier erlangt, ist so tief, dass es nicht intellektuell vermittelt werden kann. Man muss es in der direkten Erfahrung durch Intuition erhalten. Jedoch möchte ich sagen, dass diejenigen, die gern meditieren, an dieser bestimmt Freude haben werden.

Die dritte Auslegung stammt von Alice Bailey in »The Light of the Soul« und besagt, dass durch dieses *Sanyama* »die Enthüllung dessen, was war, und dessen, was sein wird, geschieht«. Auf dieses Gebiet kann ich nicht umfangreich eingehen, ohne den Rahmen dieses Buches zu sprengen. Die intuitive Wahrnehmung von zukünftigen Ereignissen kann sich durch diese Meditation einstellen, doch zur richtigen Durchführung benötigt man genaue Kenntnis über einen bestimmten Zweig des yogischen Okkultismus. Rama Prasad sagt dazu in »Nature's Finer Forces«:

»Das Wissen um die drei Zeiten – Vergangenheit, Gegenwart und Zukunft – ist nichts anderes als die wissenschaftliche Kenntnis von Ursache und Wirkung der Naturerscheinungen. Wenn man den gegenwärtigen *Tattwa*-Zustand der Dinge kennt, kennt man den vorangegangenen und den folgenden Zustand, und man hat das Wissen um die drei Zeiten.«

In der siebzehnten Sutra sagt Patanjali:

»Worte, Gegenstände und Vorstellungen scheinen dasselbe zu sein, weil sie zusammen erscheinen. Führe *Sanyama* durch, indem du sie voneinander trennst, und du wirst den Schrei aller Lebewesen verstehen.«

Dies ist ein recht geringes *Siddhi*. Wie Patanjali hier ausführt, denken wir, wenn wir ein gesprochenes Wort hören, an den Klang des Wortes, an den Gegenstand, den dieses Wort darstellt, und an die geistige Vorstellung, in der beides als dasselbe erscheint. Daher neigen wir dazu, beim Gebrüll von Tieren oder dem Schrei von Vögeln zu glauben, darin läge keine Bedeutung. Es gibt nur den Klang. Das Gleiche geschieht, wenn wir einen anderen in einer Fremdsprache reden hören, die wir nicht verstehen – dann hören wir nicht die Bedeutung, sondern nur den Klang. Dies kann man überwinden, indem man nur dem Klang lauscht, ohne sich der geistigen Anstrengung der Übersetzung im intellektuellen Sinn zu unterziehen; das wiederum wird erreicht mit *Sanyama* auf die Unterscheidung zwischen dem Klang, der Bedeutung und der Vorstellung. Auch dann kann man zwar eine Sprache verstehen, die man nie gelernt hat, nicht verstehen, doch man versteht die Laute der wilden Tiere, denn diese Laute stellen die Grundtriebe und Instinkte dar. Man kann intuitiv wahrnehmen, ob es sich um einen Laut des Zornes oder der Aggression handelt. Menschen, die mit Tieren leben, nehmen dieses *Siddhi* zufällig und beiläufig an, ohne jemals bewusst Yoga angewandt zu haben.

Die nächste Sutra hat mit Reinkarnation zu tun. In Sutra Nummer achtzehn sagt Patanjali: »Durch Wahrnehmung unbewusster Neigungen erlangt man die Kenntnis früherer Leben.«

Wer je mit Säuglingen oder ganz jungen Tieren zu tun hatte, weiß, dass bereits bei der Geburt die Persönlichkeit teilweise geformt ist. Babys unterscheiden sich beträchtlich in Temperament, Erregbarkeit und Intelligenz, und man kann sich dem Eindruck nicht entziehen, dass diese Eigenschaften ein Erbe früherer Inkarnation sind. Durch Anwendung von *Sanyama* in Bezug auf diese Eigenschaften erhält der Yogi Hinweise auf seine früheren

Leben, vor allem auf starke Neigungen und bestimmte Arten von Phobien (Ängste). Viele Jahre lang konnte ich keine Duschen benutzen, ohne Erstickungsanfälle zu bekommen, und musste ich alle paar Sekunden die Dusche verlassen, um Luft zu holen. Durch Anwendung von *Sanyama* in Bezug auf diese Phobie entdeckte ich, dass ich in meinem letzten Leben in einem von Hitlers Konzentrationslagern vergast wurde. Es war also einfach eine ererbte Eigenschaft, die sich auf ein bestimmtes Ereignis in einem früheren Leben bezog. Wenn Sie eine Vorstellung davon haben, welche Ihrer persönlichen Eigenheiten aus früheren Leben ererbt sind – bei starkem Interesse an okkulten Dingen ist es gewöhnlich so –, können Sie durch *Sanyama* Kenntnis über Ihre früheren Leben erlangen. Ich empfehle Ihnen nachdrücklich, dieses *Siddhi* mit der Spiegel-Übung zu verbinden, die ich im letzten Kapitel beschrieben habe. Eine Warnung dazu: Die Einsichten, die sich aus diesem *Siddhi* ergeben, sind blitzartige Intuitionen, keine allmählich erlangten Rückschlüsse. Wenn Sie *Sanyama* mit einem Ihrer persönlichen Einfälle durchführen und dadurch allmählich zu dem Schluss kommen, dass Sie in Ihrem früheren Leben dies oder das waren oder etwas anderes gemacht haben, dann machen Sie sich wahrscheinlich selbst etwas vor. Vergessen Sie nicht: *Sanyama* ist kein Vorgang der Analyse.

Das nächste *Siddhi* hat mit Telepathie zu tun, oder mit Patanjalis Worten: »Durch *Sanyama* mit den Ideen erlangt der Yogi Kenntnis vom Geist anderer Menschen.«

Der Trick hierbei ist, wie jeder Gedankenleser Ihnen sagen kann, dass Sie Ihren Geist empfänglich machen für die Eindrücke eines anderen Geistes. Vor allem, wenn Sie neu damit anfangen, versuchen Sie Telepathie nur mit einer Person durchzuführen, die Sie kennen und mit der Sie befreundet sind. Ein sehr einfacher Weg, bei dem niemand der Klügere ist, ist es, wenn Sie einem Freund eine Frage stellen; und dann, noch bevor er Zeit zur Antwort hat, versuchen Sie, Ihren Geist für die Gedanken, die ihm durch den Kopf gehen, empfänglich zu machen. Wenn es Ihnen gelingt, haben Sie innerhalb eines Sekundenbruchteiles einen Eindruck von dem, was er Ihnen sagen will, noch bevor er den Mund aufmacht. Wenn Sie die Antwort bekommen, haben Sie sofort die Bestätigung, ob Ihr kleines Experiment erfolgreich war. Später werden Sie lernen, die Gedanken anderer auf eine gewissen Entfernung zu lesen. Doch ich muss Sie noch einmal warnen: Sie werden feststellen, dass Sie diese Kraft nicht anwenden können, um in die Intimsphäre eines anderen einzudringen. Wenn Sie einem anderen auf telepathischem Wege eine Frage stellen, die der Empfänger auf normalem Wege nie beantworten würde, werden Sie keinerlei Eindruck erhalten, oder dieser Eindruck ist unzuverlässig. Sie werden auch merken, dass Sie mit einem Fremden, der Sie persönlich zurückweisen würde, keinen telepathischen Kontakt aufnehmen können. Noch etwas zum Schluss: Fordern Sie Ihre Kontaktperson nie auf, Sie vom Lesen Ihrer Gedanken abzuhalten, denn sie ist dazu ganz gut in der Lage, und Ihr geplantes Unternehmen würde fehlschlagen.

Nun zu einem Versuch mit der Unsichtbarkeit: »Indem man *Sanyama* auf die Form des Körpers anwendet wie auch auf das Aufhören der Wahrnehmbarkeit und auf die Unterbrechung des Kontaktes mit dem Augenlicht, erlangt der Yogi die Kraft des Verschwindens.«

Diese Sutra beschreibt eine der schwierigsten und wundervollsten aller yogischen Kräfte. Sie ist wesentlich schwerer zu erlangen als die Levitation, und sie ist zugleich viel interessanter. Die Unsichtbarkeit ist ein eigenes Buch wert, und aus diesem Grund wollen wir uns hier nicht weiter damit aufhalten.

»Unter Anwendung von *Sanyama* auf die beiden Arten des Karma und auf Vorzeichen kommt das Wissen um die Zeit des Todes.«

Es heißt, dass jedem Menschen der Zeitpunkt seines Todes vorbestimmt ist, aber dass niemand diesen Zeitpunkt kennt. Die alten Rosenkreuzer pflegten zu sagen, dass sie durch die Geisteswissenschaften alles lernen könnten mit Ausnahme der Art und des Zeitpunktes ihrer letzten Reise. Doch für den fortgeschrittenen Yogi ist es möglich, die Stunde des Todes zu spüren, wenn sie näher rückt. Bereits lange, bevor sich äußere Anzeichen zeigen, beginnt sich der Astralleib vom Körper zu lösen, und das Innere Bewusstsein macht sich allmählich mit der Tatsache vertraut, dass das Leben sich seinem Ende nähert. In solchen Zeiten werden die Menschen oft sehr religiös, und in ihren Träumen beginnen bestimmte Symbole aufzutauchen: das Packen von Koffern, ausgedehnte Reisen und so weiter. Ein paar Tage vor dem Tod kann der Mensch einige sehr ausführliche Träume haben, in denen er auf sein bevorstehendes Ende aufmerksam gemacht wird. Als Sokrates vom Areopag verhaftet worden war, erschien ihm eine junge, außergewöhnliche Schönheit im Traum und zitierte einen Vers von Homer: »Am dritten Tage wird die Morgenröte dich glücklich an Pythias Ufern willkommen heißen.«

Daraufhin wusste er, dass man ihn verurteilen würde und weigerte sich deshalb, eine geistreiche Verteidigungsrede zu halten. Auf gleiche Weise gelangen die Yogis durch Zeichen und Omen zum Wissen, dass der Tod naht, jedoch nie mehr als ein Jahr vorher.

In der Sutra Nummer zweiundzwanzig sagt Patanjali: »Durch Anwendung von *Sanyama* auf Freundlichkeit erwächst die Kraft der Freundlichkeit usw.«

Dieses *Siddhi* bildet einen Teil des TM-Siddhi-Programmes. Nach Vyasas Kommentar spricht diese Sutra drei Gefühle an: Freundlichkeit, Mitgefühl und Freude. Der Yogi empfindet Freundlichkeit für die Glücklichen, Mitgefühl für die Leidenden und Freude für diejenigen, die gelobt und geehrt werden. Durch *Sanyama* mit diesen drei Empfindungen wächst die Kraft der Gefühle im Yogi an, und die positiven Aspekte seiner Persönlichkeit verstärken sich unendlich.

Ähnlich lautet auch die Sutra Nummer dreiundzwanzig, wo zu lesen ist: »Durch Anwendung von *Sanyama* in Bezug auf die Stärke eines Elefanten erlangt der Yogi diese.«

Hier handelt es sich um das *Siddhi* der unbegrenzten Stärke. Die tatsächliche Möglichkeit dieses *Siddhi* bestätigen uns bestimmte Autounfälle, bei denen gewöhnliche, ja sogar recht schwache Menschen dabei beobachtet wurden, wie sie ohne Hilfe ein Auto umdrehten, mit bloßen Händen brennendes Benzin löschten und sogar verbeultes Blech geradebogen, um die Opfer zu retten. Diese Kräfte manifestieren sich bei normalen Menschen nur in Zeiten außerordentlicher Notfälle. Der fortgeschrittene Yogi jedoch kann sie willkürlich herbeirufen.

»Indem der Yogi das Licht der höheren Sinne darauf richtet, erlangt er die Kenntnis vom Subtilen, vom Verborgenen und vom Entfernten.«

Versuchen Sie es gelegentlich einmal: Wenn Sie etwas verloren haben, suchen Sie nicht gleich danach, sondern setzen Sie sich hin, schließen Sie die Augen und lassen Sie Ihren Geist ruhen. Warten Sie auf einen visuellen Eindruck davon, wo der verlorene Gegenstand sein kann. Zwingen Sie einen solchen Eindruck nicht herbei, denn das stört die nötige Passivität Ihres Geistes. Wenn Sie den Eindruck erhalten haben, dann suchen Sie an der angegebenen Stelle. Haben Sie einen echten psychischen Eindruck erhalten, dann haben Sie das *Siddhi* dieser Sutra manifestiert.

»Durch Anwendung von *Sanyama* auf die Sonne erlangt der Yogi das Wissen von den Welten.«

Die Welten in dieser Sutra beziehen sich auf die *Lokas* der Hindu-Kosmologie, die nicht, wie viele Orientalisten glauben, von frühen Mythologen erfunden wurden, sondern direkt durch yogische Kräfte wahrgenommen wurden. Es handelt sich hier um ein sehr fortgeschrittenes *Siddhi*, das nicht von Anfängern versucht werden sollte. Der Adept aber soll sein Bewusstsein nicht nur auf alle

Teile dieser Welt, sondern auch auf alle Teile aller anderen Welten projizieren können. Wenn er will, kann er beobachten, was dort vor sich geht, und dann im Vollbesitz der Erinnerung an seine Erfahrungen in diese Welt der Menschen zurückkehren. Wenn irgendjemand törichterweise versuchen möchte, dieses *Siddhi* durchzuführen, dann sei er gewarnt, dazu nicht direkt in die Sonne zu blicken. Führen Sie *Sanyama* mit einer Visualisierung durch, sonst könnten Sie die Fähigkeit verlieren zu beobachten, was in dieser Welt vor sich geht.

Ein ähnliches *Siddhi* wird in der an die obige anschließende Sutra beschrieben:

»Durch Anwendung von *Sanyama* auf den Mond lernt der Yogi alles über das Sternensystem.«

Die Wahrnehmung bleibt in diesem Falle in den Grenzen unseres Universums, doch das Prinzip ist dasselbe. Hierbei kann man Sanyama gefahrlos mit offenen Augen durchführen, da das Mondlicht nicht so grell ist wie das Sonnenlicht. Am besten gelingt es bei Vollmond, da in dieser Zeit die geistigen Fähigkeiten am stärksten sind. Einige fortgeschrittene Schüler behaupten, dass sie durch diese Praxis profunde Erkenntnisse über die Grundlagen der Astrologie erhalten hätten.

»Durch Anwendung von *Sanyama* auf den Polarstern lernt der Yogi die Bewegungen der Sterne.«

In der Hindu-Kosmologie ist der Polarstern mit allen anderen Sternen des Universums verbunden durch »gewundene Seile«, die für jeden unsichtbar sind, ausgenommen für den Yogi mit Sehergabe. Die Sterne drehen sich um den Polarstern, wobei sie von den »gewundenen Seilen« im Kreis geführt werden. In einem Dokument mit dem Titel »Plato, Piaget and Maharishi on Cognitive Development (Plato, Piaget und Maharishi über Kognitive Entwicklung)«, das von der Maharishi International University in Fairfield, Iowa, veröffentlicht wurde, berichtet Jonathan Shear über recht interessante Forschungen, die von der TM-Organisation zu dieser Sutra durchgeführt wurden. Es sieht so aus, als ob nicht nur die gegenwärtigen Meditierenden größtenteils dasselbe »sehen«, wenn sie mit dem Polarstern meditieren, sondern dass das, was sie »sehen«, bemerkenswert dem gleicht, was von der Hindu-Kosmologie vorausgesagt wird und ebenso einer bestimmten Vision, auf die sich Plato in »Die Republik« bezieht. Das Universum ist schirmförmig mit dem Polarstern am höchsten Punkt verbunden, während die kleineren Sterne sich an verschiedenen Punkten der schirmähnlichen Oberfläche befinden und mit dem Polarstern verbunden sind durch das, was ein Meditierender als »Lichtbänder« beschreibt.

Ich möchte nun nicht behaupten, dass diese Erfahrungen objektive Gültigkeit besitzen, doch es ist immerhin interessant, dass ein Grieche im antiken Athen, Hindu Yogis im alten Indien und TM-Meditierende in Europa und in den Vereinigten Staaten alle dasselbe sehen und auf die gleiche Weise beschreiben, ohne dass zwischen den drei Gruppen irgendeine Kommunikation stattgefunden hätte.

»Durch Anwendung von *Sanyama* in Bezug auf den Solar Plexus erlangt man das Wissen über das Körpersystem.«

Die Konzentration auf den Solar Plexus bringt verschiedene Vorteile; hier ist im Besonderen das Wissen über das System der *Nadis* gemeint. Die *Nadis* sind psychische Nervenbahnen, durch die die Astral- oder *Prana*-Energie im Körper verteilt wird. Gemäß dem yogischen System gibt es zweiundsiebzigtausend wichtige *nadis* im Körper, und alle nehmen im Solar Plexus ihren Ausgang. So wird der Solar Plexus zum Sammelplatz der *Prana*-Energie. Diese Energie strahlt vom Solar Plexus aus in alle Körperteile, so wie im Universum die *Prana*-Energie von der Sonne in alle Teile des Universums ausstrahlt. Daher hat dieser Mittelpunkt auch seinen Namen. Durch *Sanyama* mit dem Solar Plexus »sieht« der Yogi schließlich intuitiv das System der nadis im Körper.

»Durch *Sanyama* mit der Kehle überwindet der Yogi Hunger und Durst.«

Dieses *Siddhi* ergibt sich einfach aus der natürlichen Kontrolle über den Körper, die der Yogi als Ergebnis der Meditation mit verschiedenen Körperteilen über eine Reihe von Jahren erhält, und die ebenso als Ergebnis von *Asanas* und *Pranayamas* herbeigeführt werden kann. Dieses *Sanyama* funktioniert hervorragend und ist für einen gut Vorbereiteten recht einfach. Jedoch beseitigt es nicht das Bedürfnis des Körpers nach Essen und Trinken, nur den Wunsch danach. Daher muss man bei der Anwendung dieses *Siddhi* seinen gesunden Menschenverstand walten lassen, da die Wirkungen sonst katastrophal wären.

»Durch *Sanyama* mit dem *Kurma-Nadi* (Schildkröten-Röhre) erlangt der Yogi Stille.«

Der Yogi soll sich vorstellen, dass unterhalb des Kehlraumes eine Röhre liegt, die wie eine Schildkröte geformt ist. Durch *Sanyama* mit dieser Röhre ist er fähig, die subtilen Bewegungen im Körper bis zu einem außergewöhnlichen Grad wahrzunehmen und dadurch eine Unbewegtheit des Körpers zu erlangen, die anders nicht möglich wäre. Im modernen Aikido-Unterricht erreicht man recht einfach etwas Ähnliches durch die Aufrechterhaltung des »Einen Punktes« – die Versenkung des Bewusstseins auf einen Punkt im Bereich des Solar Plexus. Der Körper wird vollkommen unbeweglich, wenn die Übung richtig durchgeführt wurde. Jemand, der im ganzen Lotus sitzt und sein Bewusstsein ständig auf den Solar-Plexus-Bereich gerichtet hält, kann weder vor noch zurückgeschubst werden.

»Durch *Sanyama* mit dem Licht im Kopf kann der Yogi die *Siddhas* sehen.«

Die *Siddhas* sind diejenigen, die bereits all die psychischen Fähigkeiten, die wir besprochen haben, erlangt haben und dadurch alle weltlichen Sorgen und Beschränkungen transzendieren können. Das *Siva Samhita* erklärt die Durchführung ausführlicher:

»Wenn der Yogi sich beständig vorstellt, er habe ein drittes Auge – das Auge Shivas – in der Mitte der Stirn, dann nimmt er ein Feuer, so hell wie ein Blitz, wahr ... Wenn der erfahrene Yogi Tag und Nacht an dieses Licht denkt, dann kann er die *Siddhas* sehen und sicherlich mit ihnen kommunizieren.«

In der nächsten Sutra lesen wir: »Durch die Lebhaftigkeit der Intuition weiß der Yogi alle Dinge.«

Dies bezieht sich einfach auf die Kraft der »verfeinerten Intuition«, die durch die Kultivierung des transzendentalen Bewusstseins gefördert wird. Durch wiederholte Befragung seiner Intuition stärkt der Yogi sie, bis sie ein wirklicher Führer seines Lebens wird. Durch die Anwendung dieses *Siddhis* weiß er alle Dinge.

»Durch *Sanyama* mit dem Herzen kennt der Yogi seinen Geist.«

Mit dem Herzen ist in dieser Sutra natürlich das *Anahat Chakra* gemeint, das beim Herzen sitzt und wo man in den Ländern des Ostens den physischen Sitz des Geistes annimmt. Da die alten Griechen festlegten, dass der Geist im Gehirn sitze, denkt der westliche Mensch mit dem Gehirn; aber die Menschen des Okzident denken, einer anderen Tradition folgend, mit dem Herzen. Durch die genaue Beobachtung des Fließens des »geistigen Stoffes« (*Chitta*) erlangt der Yogi das Wissen um das Funktionieren des Geistes. Er versteht, wie das Prinzip der Assoziationen von einer Idee und von einer geistigen Vorstellung zur nächsten führt. Durch die unbewusste Anwendung eben dieses speziellen *Sanyama* entstand in der modernen Wissenschaft die Tiefenpsychologie.

»Erfahrung entsteht aus dem Unvermögen, zwischen der objektiven Realität (*Sattva*) und *Purusha*, was etwas ganz anderes ist, unterscheiden zu können. *Sattva* steht für etwas anderes. Durch *Sanyama* in Verbindung mit *Purusha* erhät man das Wissen hierüber.«

Die Kommentare erläutern, das *Sattva* sich auf den Geist bezieht, während *Purusha* sich auf das reine Bewusstsein bezieht, das hinter dem Geist liegt. Dieses *Siddhi* führt man in der Meditation durch, wenn das

Prinzip des Denkens transzendiert wird und der Meditierende sich der Gegenwart des reinen Bewusstseins erfreut. Diese Freude kann selbst zu *Siddhis* führen, sagen die Kommentare, wobei das wichtigste die Entwicklung der fünf Sinne ist.

»Durch das Lösen der Ursachen von Fesseln und durch die Kenntnis der Bahnen des Geistes kann der Yogi den Körper eines anderen betreten.«

Dieses *Siddhi* ist bekannt unter der Bezeichnung *Avesa* und wird häufig in der frühen theosophischen Literatur erwähnt, vor allem in Colonel Olcotts Buch »Old Diary Leaves«. Die Ursachen der Fesseln ist das ererbte Karma des Yogi. Je mehr von seinen karmischen Schulden beglichen sind, desto näher rückt der Yogi der psychischen Verfassung, in der er *Avesa* durchführen kann. Aber das an sich ist noch nicht genug. Er muss auch die Bahnen des Geistes kennen, die in den Kommentaren als die schon vorher erwähnten nadis bekannt sind. In der Praxis ist *Avesa* allerdings nicht schwierig für jemanden, der in der Astralprojektion geübt ist, und wird oft angewandt entweder zur psychischen Kommunikation oder auch, um Menschen, die von ihren gewöhnlich hohen Zielen abschweifen, edle Impulse einzugeben. Die Techniken, durch die ein Mensch durch *Avesa* psychisch beherrscht werden kann, werden nur einige wenige Ausgesuchte gelehrt und wären für einen ungeschulten Geist wertlos, selbst wenn sie allgemein bekannt wären.

Diesem *Siddhi* nah verwandt ist das *Siddhi*, das etwas später in Patanjalis Buch in der Sutra zweiundvierzig beschrieben wird: »Das tatsächliche Verlassen des Körpers und Handeln außerhalb des Körpers ist die große Entkörperlichung. Hierdurch wird die Verhüllung des Lichts entfernt.«

Wie ich in Kapitel zwei, als ich über die Astralprojektion sprach, ausführte, sehen Sie zunächst wie durch Glas, ganz dunkel. Das kommt von dem Schleier oder der Decke, die das innere Licht verhüllt, von dem diese Sutra spricht. Durch die wiederholte Projektion wird der Schleier allmählich entfernt, und man sieht klar. Jedoch dürfen wir dabei nicht an den anderen Schleier denken, der das Licht des Selbst verhüllt. Dieser Schleier wird durch ein höheres *Siddhi* entfernt, das durch die Praxis des Mystizismus entwickelt wird.

»Durch Anwendung von *Sanyama* auf *Samana* strahlt der Yogi.«

Das ist wortwörtlich zu nehmen. *Samana* ist eines der zehn *Vayus* im menschlichen Körper, und zwar eines der fünf, die mit den okkulten Kräften zu tun haben. Es ist in der Magengegend lokalisiert und beteiligt an der Verdauung der Nahrung. Es ist der Sitz des Feuer-Elementes

(*Tejas Tattwa*) im menschlichen Körper und kann einige bemerkenswerte Effekte hervorrufen. Das Leuchten, von dem hier gesprochen wird, ist nichts anderes als eine Verstärkung der menschlichen Aura, sodass sie für das profane Auge sichtbar wird.

»Durch Anwendung von *Sanyama* in Bezug auf *Akasa* und Gehör erhält man das übermenschliche Gehör.«

Die fünf *Tattwas* der Hindu-Lehre bilden die Grundlage der fünf *Indriyas* oder Sinne. Das Feuer-Element, *Tejas Tattwa*, ist der Ausgang für den Gesichtssinn, und *Akasa Tattwa* ist die Grundlage für das Gehör. Die Kommentare besagen, dass durch *Sanyama* mit einem der anderen Elemente auch andere übermenschliche Sinne erlangt werden können, so durch *Sanyama* mit Wasser hochfeiner Geschmack, durch *Sanyama* mit Erde übermenschlicher Geruchsinn und so weiter. Das verbreitetste Ergebnis dieses *Siddhi* ist nicht Hellhören, sondern das Vernehmen des *Anahat* – die Stimme der nadis –, mystische Geräusche, die für den Yogi in tiefer Konzentration hörbar sind. Zehn dieser Klänge werden klassisch benannt; das reicht vom Summen der Honigbiene bis zum Rollen des Donners. Für gewöhnlich steckt man sich bei diesem *Sanyama* die Finger in die Ohren und lauscht den Klängen. Wenn sie dann auftreten – und das kann einige Zeit dauern –, verwenden Sie sie als Brennpunkt Ihrer Konzentration. Das heißt, richten Sie Ihre Aufmerksamkeit ganz auf diese Geräusche und lassen Sie keine Ablenkung zu. Geschieht es doch, was anfangs der Fall sein wird, dann führen Sie sie sanft auf die Geräusche zurück. Mit der Zeit werden die Geräusche intensiver; das bedeutet, die Übung gelingt. Auf diese Weise erlangen manche Yogis die Ausrichtung des Gehörsinns auf einen einzigen Punkt.

Wenn Sie mit einigen dieser *Siddhis* experimentieren wollen, empfehle ich Ihnen, sich eines auszuwählen und damit einmal täglich für mindestens sechs Monate zu arbeiten. Zögern Sie nicht, mit den Techniken zu experimentieren, denn Experimentieren bildet einen wesentlichen Teil des Lernprozesses, vor allem, wenn Sie aus einem Buch lernen. Wenn Sie die Experimente richtig durchführen, sollten Sie nach sechs Monaten einige spontane Erfahrungen machen. Die *Siddhis* werden noch nicht völlig unter Kontrolle sein, denn dies zu können ist das Zeichen der Meisterschaft, wofür man sicher noch einige Zeit benötigen dürfte. Aber Sie sollten einige gelegentliche *Siddhi*-Erlebnisse haben. Und in Augenblicken höchster Not werden Sie feststellen, dass Sie eine Kraft erlangt haben, die Ihnen auf höchst seltsamen Wegen zu Hilfe kommt. All das sind Anzeichen des Fortschrittes. Mit der Zeit werden Sie die Meisterschaft erhalten, die Sie wünschen.

Nun werde ich etwas sagen, das den Anfängern unter Ihnen ohne Bedeutung sein wird, aber die Adepten werden mich nur zu gut verstehen. Wenn Sie einen bestimmten Grad der Meisterschaft über die *Siddhis* erlangt haben, wird eine Zeit kommen, da Sie gerne auf sie verzichten möchten; und zwar nicht, weil sie eine Last darstellen, sondern aufgrund einer parallel laufenden Entwicklung, die im Laufe der Übungen, die Sie durchführen, in Ihnen entsteht. Es ist charakteristisch für die menschliche Natur, dass sie, wenn sie erst einmal einen Gipfel erklommen hat, dieser für sie uninteressant wird. Man möchte einen höheren und schwierigeren Gipfel erklimmen. Ich sage dies nicht, damit Sie es jetzt verstehen, sondern ich möchte eine Saat in Ihren Geist legen. Wenn Sie den ersten Gipfel des Yoga – die *Siddhis* – erklommen haben, stellen Sie fest, dass der Fuß des nächsten und höheren Berges in Sicht ist. Und wenn Sie, den Versuch unternehmen, auch diesen Berg zu besteigen, dann werden Sie den höchsten Nutzen haben, den Yoga anzubieten hat und herausfinden, was es mit dieser alten Wissenschaft wirklich auf sich hat.

Anmerkungen

1. H. P. Blavatsky, Die Entschleierte Iris, Band 1

2. Norman Vincent Peale, The Power of Positive Thinking, New York, Prentice Hall, 1952

3. Maharishi Mahesh Yogi, Meditations, New York, Natam Books, 1968

4. Maharishi Mahesh Yogi, Meditations

5. H. P. Blavatsky, Die entschleierte Isis, Band 1

6. H. P. Blavatsky, Die entschleierte Isis, Band 1

7. H. P. Blavatsky, The Theosophist, August 1882

8. H. P. Blavatsky, Die entschleierte Isis, Band 1

9. Aleister Crowley, The Confessions of Aleister Crowley, New York, Bantam Books, 1971

10. Aleister Crowley, The Confessions of Aleister Crowley, New York, Bantam Books, 1971

11. Aristoteles, Über die Seele, Buch 1, Übersetzung von J. A. Smith: The Basic Works of Aristotle, New York, Random House, 1941

12. C. G. Jung, Basic Postulates of Analytical Psychology (Collected Works of C. G. Jung), New York, Pantheon Books, 1960

13. C. G. Jung, Basic Postulates of Analytical Psychology (Collected Works of C. G. Jung), New York, Pantheon Books, 1960

14. Maharishi Mahesh Yogi, On the Bhagavad-Gita, Middlesex, Penguin Books, 1976

15. Maharishi Mahesh Yogi, Transcendental Meditation, New York, New American Library, 1968

16. Maharishi Mahesh Yogi, Transcendental Meditation, New York, New American Library, 1968

17. Aleister Crowley, The Confessions of Aleister Crowley, New York, Bantam Books, 1971

18. Max Freedom Long, Recovering the Ancient Magic, London, Rider, 1936

19. Maharishi Mahesh Yogi, On the Bhagavad-Gita, Middlesex, Penguin Books, 1976

20. Israel Regardie, The Golden Dawn, St. Paul, Minnesota, Llewellyn Publications, 1971

256 Seiten, Flexocover
ISBN 978-3-89845-434-6
€ [D] 16.95

Nadja Berger

Hellsicht, Medialität, Channeling
Mediale Fähigkeiten verstehen und anwenden

Nadja Berger macht Sie mit der Kunst der medialen Wahrnehmung und Kommunikation vertraut und begleitet Sie dabei, diese zu erkunden und auszuüben. Viele praktische Anleitungen und Übungen zur Schulung eigener sensitiver Fähigkeiten helfen Ihnen Grenzen zu überschreiten, die einem normalerweise gegeben sind und Dinge zu überschauen, die man aus der alltäglichen Position heraus nicht wahrnehmen kann.
Entdecken Sie Ihre medialen Fähigkeiten, stärken Sie Ihre Intuition und begegnen Sie Ihren geistigen Helfern! Dieses Buch macht es möglich.

232 Seiten, broschiert
ISBN 978-3-89845-154-3
€ [D] 14.90

Vadim Zeland

Transsurfing
Realität ist steuerbar

Wir alle glauben, wir seien abhängig von den äußeren Umständen – dabei ist es genau umgekehrt! Ihre innere Wirklichkeit kreiert die äußere Realität. So erfüllen sich Wünsche, Träume verwirklichen sich ...
Transsurfing ist eine mächtige Technologie zur Realitätssteuerung. Alle, die sich mit Transsurfing beschäftigen, erleben eine Überraschung, die an Begeisterung grenzt. Die Umgebung eines Transsurfers verändert sich beinahe augenblicklich auf eine unbegreifliche Weise. Das hat nichts mit Mystik zu tun. Das ist real.

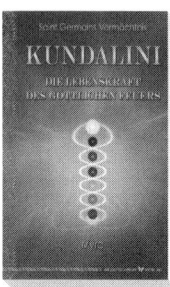

Myra

Kundalini – Die Lebenskraft des göttlichen Feuers

Die jahrtausendealte Kundalini-Lehre bietet ein vielschichtiges und durchdachtes System der Persönlichkeitsentfaltung, was sie ungeheuer wertvoll macht. Ihr Ziel ist der harmonisierte, gelassene, angstfreie und weise Mensch. Saint Germain beschreibt in diesem Buch verschiedene Wege und Übungen, um sich der alten Lehre von der Kundalini-Energie zu nähern. Ist sie wieder in das Leben integriert, wird die Gesamtpersönlichkeit des Menschen geweckt, dank derer er in der Lage ist, die höheren Seinszustände zu erreichen und die Christus-Buddha-Natur in sich zu verwirklichen. Mit praktischen Übungen für den Alltag.

224 Seiten, Klappenbr.
ISBN 978-3-89845-372-1
€ [D] 16,95

Sharon Salzberg

Das Handbuch der Achtsamkeit und Güte

Sicherlich kennen Sie Situationen, in denen Sie allmählich ungeduldig werden, wenn Sie beispielsweise versuchen, jemandem zu helfen, oder Sie ärgern sich über das laute Klingeln eines Handys ... Was wäre normalerweise Ihre erste Reaktion? Gelassenheit oder Groll? Die Erfolgsautorin Sharon Salzberg zeigt dem Leser wie wir für uns selbst und unsere Mitmenschen Güte und Achtsamkeit entwickeln können. Die im Buddhismus geschulte Autorin führt uns mit der sanften Stärke der Zuversicht und Inspiration auf den Weg zu einem Leben voller Freude und innerem Frieden.

216 Seiten, Klappenbr.
ISBN 978-3-89845-345-5
€ [D] 14,90

176 Seiten, broschiert,
ISBN 978-3-89845-275-5
€ [D] 6,95

Rajendar Menen

Mudras – Die Energie deiner Hände
Indisches Fingeryoga

Die wohltuende Wirkung von Mudras, das Yoga der Hände, können Sie nahezu überall genießen. Sie benötigen dabei keine komplizierten Hilfsmittel, um Ihren Körper zu verjüngen, Krankheiten zu heilen oder gar zu spiritueller Erleuchtung zu finden. Mudras können zudem von absolut jedem erlernt werden, sie sind nie anstrengend und das ideale Heilmittel unserer Zeit. Der versierte indische Autor Rajendar Menen stellt die wichtigsten Mudras im Detail vor. Zudem wird eine ganzheitliche Sicht auf physisches und spirituelles Heilen sowie die richtige Ernährung und den Einfluss unserer Umgebung oder der Gedanken auf unser Wohlbefinden vermittelt – damit Sie ganz einfach rundum gesund sind!

Weiterführende Informationen zu
Büchern, Autoren und den Aktivitäten
des Silberschnur Verlages erhalten Sie unter:
www.silberschnur.de

Natürlich können Sie uns auch gerne den
Antwort-Coupon aus dem beiliegenden
Lesezeichenflyer zusenden.

Ihr Interesse wird belohnt!